Família no Brasil!

ブラジルの我が家　日登美

幻冬舎

胎盤を料理するセバリンくん

手作りパスタ作っちゃいました

自家製豆乳ヨーグルトとマンゴーラッシー！

離乳食ユニオぐちゃぐちゃ

あかりバースデーのクッキー作り大盛りあがり

グラバクッキー山ほど作る

自家製酵素ジュースのフルーツポンチ

自家製生めんで冷やし中華 in Brazil

バースデーBOYS！

牛さん道あけて下さーい…。

うまれたてユニオと lovely kids

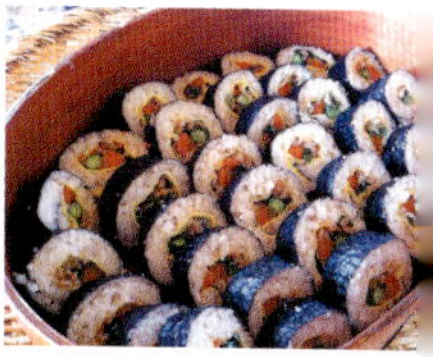

のりまき大人気です

のりまき何でも入れちゃいます

寿司にぎってみた

ユニオ1才のバースデー with ブラジリアンボーイズ

おひるねはハンモックで

学校のおやつはおむすび

きんかん酵素ジュースうまい！

torta de Banana 作ったよ

昼ごはんはこんな風に…

私の宝物たち5人集合！

ブラジルの我が家

Família no Brasil!

CONTENTS

BRASiL 2

イラストレーション　下田昌克
ブックデザイン　山本知香子

はじめに

人生は山登りのようだとか、

大海原への航海のようだとかいうけれど、

確かにそうなのかもしれない。

妊娠9ヶ月、4人の子供とスーツケース12個で

日本を飛び出して始まった新婚生活。

第二の人生のスタートは、

何のご縁か日本の裏側ブラジルで始まった。

ブラジルを通して知った外国の面白さ、

日本という母国への愛情。

世界を見ることで出会ったまだ見ぬ自分。

そして家族の姿。

そんな小さな、大きな発見のある日々の暮らしを紡いで1年。

毎日がハプニングな暮らしの模様を、

ラテンの国からお届けします！

MY FAMILY

私の家族

日登美（ひとみ）
1979 年生まれ　私

家族をこよなく愛しつつ雷を落とすこともしばしば。目指すは優しい肝っ玉母さん。

Severin（セバリン）
1987 年生まれ　夫

我が家で一番冷静沈着。若亭主で尻に敷かれているかと思いきや実は我が家の要となっている。

ひより
2001 年生まれ 長女

気が強く正義感のある頑張りや。妹弟にかなり恐れられている我が家の裏番長。ただ今思春期真っ最中。

燈（あかり）
2003 年生まれ 次女

動物が大好き。几帳面過ぎる性格がブラジルに来て一転。実はかなりユニークでケセラセラな性格らしい。

碧（あお）
2005 年生まれ 長男

しっかり者の双子の兄。家族のパシリになってしまうほど気がいいのに頑固で怒ると手強い。

優仁陽（ゆにお）
2013 年生まれ　三男

天真爛漫な我が家のアイドル。覚えが早く頭が良さそうなのは父親似か？　今後に期待。

翠（みどり）
2005 年生まれ　次男

自由奔放、やんちゃでお茶目な双子の弟。お笑い、いたずら大好きの甘えん坊。

FAMÍLIA 1

新しい命が私たちを導いたのは
日本の裏側のブラジルだったのだ。

プロローグ――新たな旅路

長女を出産してから丸12年。干支が一周回った２０１２年のとある大雪の日に、再び赤ちゃんがやってくることを知った。

ぎりぎり33歳、離婚して３年。日本に留学していた８歳年下のドイツ人数学者のパートナーとの間にできた５番目の子供は、私たち家族に大きな挑戦を運んできた。

その時主人は既に日本を出発し、ブラジルでの新しい生活を始めようとしていた。さて、どうする？　新しい命は私たちをどこへ導いていくのだろうか。

日本を飛び立ったばかりの主人は、大きな大きな人生の喜びを分かち合う為に、そしてこれから起こるであろう大冒険の決断をする為に、また日本に戻ってきた。

今振り返ると、あの時間は今なお結婚指輪のない（いつか買おうと思ってるけど）私たちの、結婚という道程のエンゲージリングのようなものだった。私たちは何をする訳でもなく、ただ１週間を共に過ごした。毎日一緒にご飯を食べて、一緒に寝た。かすかな新しい命を抱えた私と、そして４人の子供たちと。目に見えないところで動き始めている命の鼓動を感じながら、人生の節目を感じながら。彼ははるばると海を越えて国境を越えて、その時間を共有したのだった。

まるで、芽を出す前の種の中に全ての未来が約束されている、という真実を体験するような時間だった。その種は緑色の芽を出す未来を、どこまでも伸びる蔓《つる》を、繁る葉を、咲かせる花を、そしていつしか実をつける未来を既にはらんでいる、という真実を。どのような決心がその種の周りにあろうと、未来を種を、その時、私たちは共有していた。

決心はどこへ向かうのか、種はどこで根を張り花を咲かせるのだろうか。そもそもこの種は土に出会い太陽をあびて、芽を出すことができるのだろうか。大きな感情の波が、思考の波が、喜びと悲しみと不安とが交錯するなか、あっという間に時間は過ぎていった。

そして節分を迎える頃、私たちはこの大家族で大海原へ飛び出そうと決心した。こうして私たちのブラジルへの道のりが始まったのだった。

日本というチャンスもあった、ドイツというのもあっただろう。4人の子供たちの未来を考えた、赤ちゃんの命を考えた、私たちの新しい家族の出発を考えた。その全ての答えはなぜか母国日本でもドイツでもなく、見たこともない行ったこともない新天地ブラジルだった。

それは私たちにはとてもしっくりときていた。この方向は正しく思えた。全てのタイミングは揃ったように思われた。それもまた芽を出す前の種のようだった。私たちはその種をお互いの心に握りしめて、地球の裏側でしばしの間別々の暮らしに戻り、新しい人生の航海の準備を始めたのだった。

やることは沢山あった。まだ結婚していなかったから、その手続きもしなくてはならなかった。国際結婚である上に、日本とブラジルという長距離を隔ててそのプロセスは進んだ。私はニュースでしか聞いたことがなかったような霞が関という街や、警視庁や役所を何度も訪れ、何枚もの重要な書類を集め、まるでゲームを進めるようにひとつひとつ問題をクリアしていった。国籍の違いや法律の違い。今まで、自分の人生とは関わりのなかった世界が身近に感じられた。

私たちは肌の色も、話す言葉も文化も違うのだった。外国人の主人と、外国人の私だった。4人の子供は日本人で、お父さんは違う人だった。主人は学生で私は仕事をしていた。おなかには赤ちゃんがいた。私たちの新しい家族は、どこにも見たことない形をしているようだった。誰のマネもできない、私たちだけの道を進まなくてはならないのだと思った。

2013年春。ブラジル行きのほんの数ヶ月前、その時はまだ本当に新天地に行けるかどうか、神様の手の中にあったのだった。

マクロビオティック料理を教えて3年になる「オーガニックベース」での料理教室は毎回満席御礼状態だったし、引っ越し予定の1ヶ月前には念願のレシピ本を出版と、仕事は順風満帆だった。にもかかわらずこの運命の流れに身を任せ直感を信じ決断を下すには、正直かなり勇気がいった。

けれど私はどこかで、人生はどんなことも私たち自身だけでコントロールできるものではないと思っていて、私が決めて選んだ全てのことも、私が選ばなかったと思っていることも、私に起こるべきではないと思っていることでさえ、宇宙の必然によって起こると信じている。だから突如目の前に現れた、新しい命の導くブラジル行きという運命の流れに従うことにした。

行く道を決めたら結果たどり着く場所は「神様の言う通り」で、ブラジルへ行くということが「成る」なら行くことになるだろうし、ブラジルへ行くことが「成らない」ことならそれはそれでかまわないと思っていたのだった。こんなふうに私たちの選んだ道は、新しい家族をスタートさせるという以外は神様任せ、風任せだったのである。

大きくなるおなかと共に、私たちの握りしめていた種も次第に姿を見せ始めた。「なるようになるさ」という合い言葉を胸にひたすら役所に通い、ブラジルと日本での共同作業が続き、6ヶ月が過ぎようとする頃には、私たちは法的にも家族になっていた。ブラジルへのビザがおり、新居が決まり、主人は私たちを迎えにくる為の日本へのエアチケットを手に入れた。その道には様々な奇妙な出会いやご縁があった。絶妙なタイミングがあった。それがなければビザはとれなかっただろう、家は決まらなかっただろう、結婚もできなかっただろう。そう思うと、その全ての妙なる縁は、今では私たちをブラジルへ手招きしているかのようだった。

「日本を出発する。ブラジルに行く。外国で暮らす」

まさか自分の人生にそんな筋書きが用意されているなんて誰が予想しただろう。

言葉も文化も知らない異国、ましてやお互いの母国でもない国に、臨月のおなかを抱えて到着する予定になっている。車を手放し、日本の家を解約し、家具も殆《ほとん》ど処分して、家族6人、スーツケース12個だけで、大冒険をする。今はやりの断捨離でもここまでしないよね、というほどばっさりと何もかもを捨てて。本当にゼロからのスタートを切ることになっている。まともに考えれば不安と恐れしかないような未来なのに、私の心の奥では不思議とそうなることを知っていたかのような安心があった。

「もし赤ちゃんが飛行機で生まれたらどうする?」「もし子供たちがブラジルがすごく嫌いだったらどうする?」「もし……」と不安とネガティブな「もし」を考えたらきりがないし、きっと尻込みしたくなる。私もそれを考えなかった訳ではないが、この人生の大きな節目だからこそ、私の小さな頭を黙らせてもっと大きなものに身を委《ゆだ》ねてみようと思った。やっぱりここでも「なるようになる」と思っていた。

怒濤《どとう》のように忙しかった半年がよみがえる。新しい命が私たちを導いたのは日本の裏側ブラジルだったのだ。日々大きくなる赤ちゃんと共に、気がつけば握りしめた運命の種は芽を出していた。

そうしてとうとう、ブラジルから主人が私たちを迎えにやってきた。

本当の旅が始まろうとしていた。

電撃再婚

ブラジルにきて暫《しばら》くの頃、とある夕方に次女が突然、「ママ、どうしてセバリンと結婚したの?」と聞いてきた。その言葉を聞きつけて双子もにやにやしながらやってきた。

いつの間にか家族の一員として、しっくりとこの大家族のお父さん役になっているセバリン。そういえばちゃんと結婚式も挙げていない私たち。この電撃再婚が日本からブラジルの一連の動きと連鎖していた為に、子供たちにとっては一体何が起こったのかよくわからないのかもしれない。

だけど「どうして結婚したの?」と言われても、そう簡単に一言で言える訳ないじゃない。そうこうしているうちにセバリンもやってきて、「ねえ、セバリンはどうしてママと結婚したの?」と同じ質問をされている。その上次女は「こんなにおっぱいちっちゃいのにいいの~?」と付け加えた。「そこそんなに大事か!?」なんて心の叫びを抑えつつも、考えてみると結婚する理由ってのは意外と一言では言えないもんだなと気がついて、この鋭い質問と余計な台詞《せりふ》に色んな意味で次女の奥深さを感じるのだった。

日本を出る時には「一体誰と結婚したの?」と周りに聞かれ、「8歳年下のドイツ人数学者」と答えると、「え~! そんな人とどうやって出会ったのよ!?」と半ば憤慨するような笑いが起こった。

出会った時のセバリンは、東京大学の数学の修士課程に留学中の、弱冠23歳。私たちはお互い練習しているアシュタンガヨガのスタジオのパーティーで出会った。彼はそこで私に子供がいることを知って、「旦那さんはラッキーだなぁ」と思ったらしい。なかなか悪くない感想だけど、その時、私は既にシングルマザーだった。納豆も梅干しも大好物という、今日びの日本人より日本人らしいドイツ人。剣道初段、蕎麦《そば》打ちが趣味で、自前の包丁で魚もさばき包丁も研ぐという料理好き。さらにシュタイナー教育の教員免許まで持っているという彼と親しくなるには、時間がかからなかった。けれど私たちの畑はあまりに違いすぎる。年齢も国籍も全然違う。それなのに、この広い世界の日本という国の東京のとある場所で、とある瞬間に、そんな二人の人生が交差するなんて出会いってのは不思議なものだ。きれいごとのようだけど、河の流れが自然とどこかで一つになるような出会いだったと今では思う。

私だってまさか自分が年下のインテリ外国人と結婚するなんて思いもよらなかった。もしも友達が同じような境遇になったなら、私もどうやって巡り合ったのかと絶対尋ねたことだろう。けれど実際にはテクニックなんかない。じゃ、ラッキーかというとそうは言いたくない。母や妹に「あんたよかったねぇ」なんて言われると、4人の子持ちでバツイチでぎりぎりアラサーの私が、うら若き好青年にもらってもらえてよかったねぇ的な雰囲気ばりばりで、「いいえ！ラッキーなのは私をお嫁にもらった彼です！」とかなり不利な反論をしたくなる。ともあれこの、私にとってはラッキーで片付けられない結婚も、年の差電撃再婚という訳でみんな言いたい放題なのである。

乗り越えるべき壁は高いにもかかわらず、結婚指輪も結婚式も新婚旅行もお預けで始まった私たちの新婚生活。異国での5人の子育てに日々くたくたになり、泥のように眠るベッドで「いつか子供が大きくなったら二人でゆっくりした暮らしを送りたいねぇ、そしたら何しようかぁ」と色々な構想を話しては思いを馳せている未来は、いつになったら叶《かな》うだろうか。

けれどこんな言われたい放題の電撃再婚、端から見ると大変なことだらけのこの新婚生活に、「体はくたくただけど心はハッピー」と思える私たち夫婦。そんな時、やっぱり私はラッキーなのかもしれないと思うのだった。

一輪の花

「ねぇセバリ〜ン」と言いながら、もうすっかり少女というか女になりつつある長女は、こちらが焼きもち焼いてやろうかと思うほど、年甲斐《としがい》もなくべったりと私の旦那さんの膝《ひざ》にのっかり、首に手を回し甘えて話しかける。日中は弟や妹に手がかかるぶん、夜になるとふらっと大人の側《そば》に現れる長女。時には自分の話で3時間も私たちを捕まえることもあるし、大人に交ざって思い出話に花を咲かせたりもする。

ブラジル1年目が過ぎたとある夜。思春期の気まぐれと反発がありながらも、私たちがこんな風に何でも話せるようになるまでには色んなことがあったなぁと、まだ日本にいた時のことを振り返る。

あの頃長女は思春期まっただ中で、私との折り合いも悪かった。シングルマザーで思春期の長女、今思い出してもいろいろきつい時期だ。子育てをしていると、もう人生おしまいだぁと思うほど最悪に感じる時期というのが時折やってくる。そんな頃、私にパートナーができて一番嫌悪感を表したのは長女だった。しかもやってきたのはわけの分からん外国人なんだから、風当たりは一層強かった。

我が家にセバリンが来るようになると、幸か不幸か彼は日本語が分かるので、わざわざ聞こえる声で「なんでまた来てんの?」なんて言うのは序の口。こちらがヒヤヒヤするようなことを平気で口走る姿は、まるで彼の堪忍袋の緒を試しているような、私の本気を試すような具合だった。けれど私の心配をよそに彼の堪忍袋の緒はきわめて強く、こちらが申し訳なくなるほど忍耐強くそれに接してくれていた。

けれどある日、いつものように調子に乗って悪態をつく長女のあまりの口の悪さに私が切れて、「いい加減にしなさい！　何のつもりなの！　セバリンに謝りなさい」と言ったのがきっかけで大喧嘩《おおげんか》になった。あの子の気持ちも分からなくもない反面、親としてけじめを付けたかった気持ちもあって、私は「謝りなさい」の一点張り。その時、彼は長女に味方したのだった。今、冷静になってみれば、彼が長女をそういう風に考えてくれるなんてありがたい以外のなんでもないのに、その時の私はなんだかやりきれなくなってしまった。彼を守りたい気持ちからの発言だったのと、長女に正しくないことは正しくないと、親として言いたい気持ちとを守りたかったのだろう。そういう自分を守りたかったのだと思う。

離婚してからずっとそうやって、幾度も一人で子供たちの前に立ち続けた自分を側で支えてくれる人が彼だと、心のどこかで期待していたのかもしれない。けれどそこで長女の気持ちを汲《く》んだ彼があまりにも正しくまっすぐで、自分が惨めになった気がして、長女との喧嘩の怒りよりも自分のふがいなさの落ち込みが勝り、到底誰とも口をきける状態ではなく、彼とも口をきかなかった。長女は相変わらずふてくされていたけれど、そんな私と彼の様子を見て異変に気がついたらしく、黙って部屋に閉じこもってしまった。

さて困ったセバリン君。喧嘩の矛先は気がつけば長女から自分に向けられているように感じたらしかった。下の3人の子供たちは、この我が家の一大事件の行方をふすまの陰からこっそりとしっかりと見守っていて、伝書鳩のごとくボスである長女に逐一報告。気がつけば子供たちの間では「お母さんがセバリンと喧嘩してるぞ！」という話題で持ちきりになった。長女としては自分が発端で、なぜかお母さんとセバリンが気まずいという、予測をしなかった事態にどう反応していいか分からず、取りあえず自分も「怒っています」ってことにしておこうと決め込んだのか、相変わらず部屋に閉じこもっていた。私はそんな長女とセバリンとの緊迫した三角関係を置いたまま仕事に出かけ、帰ってくるとどういう訳かすっかり騒ぎは収まっていたのだった。

既に機嫌のなおっていた長女は早速私の側に来て、「ねぇママ、セバリンあのあと私の部屋に来てごめんねって謝ったんだよ。謝ることないのにね」と言った。長女は自分が悪かったことは分かっているのに引っ込みが付かなくなっていたのだ。それなのに自分に謝ってくれた彼の存在が彼女にとって不思議であり、そして誠実に映ったのだろう。

仕事から帰った私には、そんな穏やかな日常を取り戻しつつある子供たちとセバリンとともに、一輪の花が待っていた。花を買ってプレゼントするようなタイプではない彼から手渡された一輪の花に込められた思いは、その時だけでなく、ここ数年の心のわだかまりをも溶かすようだった。

思いがけない騒動は子供たちと彼との距離をぐっと縮めた。彼を見てのしかめっ面が長女から消えるようになったのは、その頃からかもしれない。こうして我が家の歴史に残る一大事件は丸く収まり、私たちの絆はより深くなっていった。
今では「ひよりのせいでママとセバリンが喧嘩した!(by下の子供たち)」事件は家族みんなの懐かしい思い出話となり、同時にあの花のことを愛《いと》おしく思い出す。そうするとまたいつか人生最悪と思う時が来ても、きっと大丈夫だという気持ちになれるのだった。

FAMÍLIA 1

新しい習慣

ブラジルではみんなスキンシップをたっぷりする。おはようのキス、いってらっしゃいのハグ。初対面だってみんなほっぺをくっつけて「Tudo bem?」(元気?)と言いながら「ちゅ〜」と本当に音がするほど頬にキスをしてくる。男同士だと握手をしたりハグをするだけのようだけど、女の人には老いも若きも男も女も、もちろん子供たちだって顔を見れば頬を寄せ合いキスをする。日本人の私たちにはちょっとびっくりする習慣だけど、その仕草は驚くほど自然で当たり前で躊躇《ちゅうちょ》がなく隔てがない。

私が初めて子供たちの学校に行った時、まだ初対面で言葉も話せないわけの分からん日本人の私に対しても、誰一人として無視する人も、見て見ぬ振りする人もなく、目が合ったのならばすぐさま近寄って「Tudo bem?」とキスをしてくれたのだった。さすがハートがオープンなラテンの国ブラジル! 子供たちだって「Oi!(やぁ!)」とひとたび声をかければ、必ず側に寄ってきてほっぺにキスをする。それがまた小さな子供たちだけでなく小学校高学年、中学生にいたっても何のためらいもなくすり寄って、当たり前にキスをして去っていく。このくらいの難しい年頃でも変な雰囲気がなく、ただ親しみを持ってするキスを見かけるというのはとても気持ちのいいものだ。日本人なら「こんにちは」と声をかけることすら恥ずかしくてできない子もいるのに、ブラジルの子供たちは抱き合ったり、キスをしたり挨拶をすることに全く躊躇も恥じらいもない。

けれど私たちにはそんな文化がないから、こんなに心地よく温かな挨拶にもかかわらず、なかなか慣れるのは難しい。お母さん同士でおはようのキスは大丈夫なのだが、やっぱり朝一番に、お父さん方にがばっとほっぺに「ちゅ〜っ」とされると思うと、しばし固まってしまうのだ。私はどちらかと言えば社交的なタイプで、友達や家族とハグをするのも好きだし、自分ではオープンな性格だと思っていたのに、ブラジルの挨拶のオープンさにはかなわないようだ。

私がこんな風だから子供たちにとってもこれはカルチャーショックだった。子供も大人もみんな顔を見るなりキスをしてくる。子供たちは「おぉ。こんなのありか?」と驚きを隠せなかった。でも周りの子供たちがあまりにも自然にそれをしてくれるし、徐々に慣れていった。

そんなわけで毎朝学校では、教室の前で子供と一緒に並んでいるお母さんたちが、教室に入る前の我が子と熱いキスとハグを交わすという風景がよく見られる。ある時など今生の別れなのか? と思われるほどに熱い抱擁と接吻を交わしている親子がいた。「あぁ私の可愛い坊や、暫くのお別れはとっても寂しいけど愛しているわ。また後でね」と言っているのだろうか。何も朝からそんなにドラマチックに振る舞わなくても、というほど大げさなアクションに、見ている私の方がちょっと恥ずかしくなってしまったのだったが、意外にもその子供もまんざらでもない顔をして、たっぷりとお母さんの熱い抱擁と接吻を味わって、満足そうに教室に吸い込まれていった。ここまで強烈でないにしても、このように子供たちは親からあるいは先生や周りの大人からまたは友達から毎日、いつでも気軽にたっぷりとキスとハグを受け取っている。学校に行く前、車から降りる時、遊びに行く時、おはよう、さようなら、全ての出会いと別れの瞬間に心のこもったキスとハグがついてくる。

最初はそんなブラジル人を見ていて「何もそこまでしなくても〜」と思っていた。うちの子供たちなんてはじめは朝教室の前まで送っても、別れ際にちらとも振り返らなかった。せいぜい私が「いってらっしゃい」と声をかけるのを背中で聞いている程度だった。その姿はどこか日本人の冷めた中年夫婦の雰囲気のようだ。9歳で「ふろ、めし、寝る」的な素っ気なさはちょっと悲しい。そしてその姿がなおさらブラジルの中で私たちを日本人だという気分にさせた。思えば日本という国の男女の関係、コミュニケーションのあり方はこういう雰囲気だ。そんな日本独特の素っ気なさが浮き彫りになった我が家の周りで、他の子供たちは相変わらず熱い抱擁をし、キスを送り合い教室に消えていった。

そんな毎日が続いていくにつれ、私も子供たちをもっと抱きしめたいと思うようになった。ちょっと膝に座らせてみたり、髪をなでたり、いってらっしゃいという時にもぎゅっと体を抱いてみたりした。そういえば授乳が終わって子供たちが大きくなるにつれて、スキンシップが減ったなぁと改めて気がついた。幼児期は抱っこしたり食べさせたりと、どうしても必要があってスキンシップをとるけれど、それがなくなると何でも自分でやるようになるので触れ合うことが少なくなる。けれど必要がないからと言ってスキンシップが欲しくないわけじゃない。

自分で出来るようになっても、大きくなっても、大人になったって、誰かからしっかりと愛され大切にされていると感じられるスキンシップって、とっても大事なことじゃないかしら。これは夫婦でも言えるかもしれない。恋人同士の頃はいちゃいちゃしていたのに、結婚して年を取ったら手もにぎらなくなる、日本人の典型的な夫婦像とでもいうか。けれどそれがいくら一般的でも決して理想的とは言えないなぁと私は思う。その点で外国の夫婦像は日本のものとは違うし、それと同じようにこの挨拶のあり方もキスやハグという文化も日本のそれとは違う。実際二度目の結婚で国際結婚をしている私も、今の主人との関係で、時々、日本との違いを感じてきた。外国に行くと、自分の文化と違うものは不便に感じたり不快に感じたりすることがあるけれど、このキスとハグの習慣はいいものだと思った。

最初のうちは「かあちゃん恥ずかしいからやめろよ〜」的な感じで私のハグからするりと逃げるようにしていた双子も、そのうち自分の周りの男友達の誰もが、お母さんから抱きしめられキスされているのを見て、そしてそれに対して誰も冷やかす人がいないのを見て、安心して私の側で抱きしめられるようになった。かちかちでどうしていいか分からなかった体がほっとしたのか、柔らかく猫のようになった気がした。もう9歳とはいえまだまだお母さんとの触れ合いを必要としていたのだなぁ。そして気がつけば思春期まっただ中の長女に、すっかりお姉さんの次女も、おやすみのハグとキスを自分からしに来るようになった。

年末年始

ブラジルで初めて迎えた年末年始。真夏のクリスマスに加えて真夏の年末というのも、やはり全く趣が違う。

ブラジルに来る前は、お気に入りの御重を、「今年はブラジル料理も交えてお節料理を詰めるんだぁ〜」なんて淡い期待を込めつつパッキングしたのだったが甘かった。

なんせ暑い。12月と言えば夏休みに入りたてのブラジル。「やった〜お休みだぁ〜」というバケーション気分がはじけている為、これから何かに取り組もうという気分にならない、というかなりたくない。日本の師走と言えば年末に向かってさらに仕事を追い上げて、家を隅々まできれいにして、お正月の準備までして。その上日頃の疲れがどっと出て風邪までひいちゃうこともあるという、いいんだか悪いんだか分からないけど、とにかく忙しいものだが、ここではそんな雰囲気は全くない。

その上この気候、この雰囲気。煮しめた野菜を食べようとか、いろいろ作り込んだお料理を箱の中に詰め込んでしまおうとか思えない。ブラジル料理を見れば分かるけど、でっかいお皿にサラダとかば〜んと盛りつけて、ささっと作った料理をがしがし食べる、そんな雰囲気だ。ごちゃごちゃした料理は作らない。焼いた肉、煮た豆、炊いた米、生野菜、それが基本、ブラジル人はややこしいことはしない。というかできないとも言える。こんな風に、料理にはその国の人の気質が随分影響しているようだ。

日本に住んでいた時には、おせち料理は単なる季節料理としか思ってなかったし、作って当たり前、そういうものだという理解だった。けれどこうして異国で体験してみると、なるほどおせちは日本という国の自然と人に育《はぐく》まれて、必然を持って生まれたのだということが分かった。

こういう風におせちのことを考えただけでも、日本という国を今までよりもっと理解できるような気がする。当たり前の中にどっぷり浸《つ》かってしまうと分からないことが、そこから離れることでひょっこりその顔を見せてくれる。どうしてあそこにいつもあれがあったのか。その場にいる時はこれはここにある物だとしか思わない。けれどない環境に来て初めて、どうしてそれが生まれ、存在したのか、その意味が見えてくる。そして必ずそこには必然の理由がある。偶然はない。

私はおせちから離れ、今ここにいる自分についても、今まで出会った人についても、自分の人生についても、同じようなことを思い始める。今ブラジルにいる自分。ここまで流れ着いた私の人生も必然。そして、これからどこに向かうとしても、それも必然なのだろう……などと。

おせちから随分遠いところまで思いを馳せるブラジルの年末。

さて、おせちはなくてもやっぱり年末の節目はクリスマスより大きいと感じてしまう日本人の私は、心ばかりのお掃除をしてこの一年の心のすすを払う。激動の２０１３年を振り返り、改めてその荒波を乗り越えたことに感謝し、家族揃って年末にお決まりのショートムービーを鑑賞。すっかり疲れ果てた私はブラジルで初の年越しは既に夢の中であった。ただ遠く夢の彼方で、噂に聞いていた新年を祝う花火の音が鳴り響いていたのを覚えている。そして花火が苦手な我が家の番犬ピコ（それで番犬が務まるのかとやや不安）は大丈夫かなぁと、夢の中で思っていた。

迎えた元日、やはり日本人。1月1日の清々《すがすが》しさが、何か新しい始まりを連れてきてくれる特別なものに感じるのは、ここブラジルでも同じだった。朝早く起きて人気《ひとけ》のない台所に立つ。しんとしてよく片付いたリビング。いつもの朝。でも今日は一枚皮が剝《む》けたように新しい。

早速研ぎ立ての包丁を手に取り、食事の準備にかかる。正月の朝はやっぱりお雑煮だ。それだけは真夏の国でも代えがたい。あの澄んだお出汁《だし》のきいたおつゆ。きれいに飾りの入った人参に、さっと茹《ゆ》でた青々しい薫りたつ青菜。日本ならそれに紅白のかまぼこに柚《ゆず》の皮に三つ葉、というのが子供の頃から食べていたお雑煮。

どうやらおせちと違って、お雑煮には国を問わず心を新たにする力があるらしい。真夏だろうと真冬だろうと、この一椀には不思議な力があるのだ。おせちをサボり、夏休みのリラックス気分で迎えた正月にちょっとばかりの罪悪感を覚えていた私は、お雑煮を作りながら徐々に士気が湧いてくるのを感じていた。

2014年が始まる。また新しい一年が始まるんだ。そしてこの一椀がその最初の一口なのだ。このお雑煮はただの正月料理を超えた存在になっていた。私たちの命を支え、これから迎える新たな一年を支え、私たちに自分の存在を与える力がある。これが料理の持つ不思議な力だろう。

あぁすばらしきかな、お雑煮よ。澄み切ったおつゆには日本の先祖より伝わる出汁文化の愛しさ。美しい赤に青の野菜たちはこの土地からの贈り物。包丁を巧みに使う日本料理の技術は日本人の気質を感じ、油も砂糖も使わない潔い味は私たちの意識を研ぎすましてくれる。きちんと料理をすることで気持ちよく背筋が伸びるような思いがする。お雑煮はその味、それを作る過程全てが、新しい一年に清々しい息吹を与えてくれるものなのだ。

こんな風にお雑煮一つで熱く語れてしまうのも異国に住んでみたからこそ。外国に長く滞在した人たちが、「やっぱり日本食はいいなぁ」っていうのを聞くことがあるが、本当に外国に住んでみると、日本食の繊細さ、おいしさが身にしみる。日本では当たり前だったことがどれだけありがたいものだったか痛感する。すばらしい日本食の文化を絶やしたくないなぁと、日本の裏側から切に願ってしまう。

一人一人に盛りつけられたお雑煮の椀が用意され、

「あけましておめでとうございます。今年もどうぞよろしくおねがいいたします」

と家族みんなで挨拶をする。異国の中では改まった挨拶も心地よい。

みんな久しぶりのお餅に喜びながら、あぁ日本のお正月懐かしいね、なんて話しながら、黒豆ときんとんくらいは食べたかったとか言われながら、２０１４年が始まった。

さて今年はどんな年になるのだろう。そう思った矢先、昨晩の予感が的中した。犬のピコが恐怖のあまり脱走し、行方しれずになったことが分かったのだ。

やれやれ、正月早々この広いブラジルで、犬の捜索をする我が家。どうやら今年も忙しくなりそうだ。

DIÁRIO 1

2013.8–12

2013.AGOSTO

ブラジル到着

とうとうつきました！　ブラジルです。

日本を出国してから、まずはドイツで2週間。楽しい時間を過ごしていましたが、主人の家族との時間や諸々《もろもろ》手続きなどで忙しく、気がつけばあっという間。大人のばたばたには目もくれず、子供たちはすごく楽しい初ドイツを体験していましたが、とうとう最終目的地ブラジルに到着しました。

山ほどの荷物に、もう臨月になろうかという赤ちゃんをおなかにかかえ。それでもどんどんタフになったせいか、最後のフライトもなんのその。ブラジルの航空会社でしたが、さすが！　妊婦に優しく、子供に優しく。機内では大家族と見られる私たちに、「おめでとう！　やるね～」と話しかけてくれる優しいアテンダントの男性もいて。子供用のおもちゃをもらったけど、4人分でなくおなかの赤ちゃんにもって、小さいぬいぐるみもくれて。その日はアテンダントの方の誕生日だったらしく、着陸間際にはパイロットからアナウンスが流れて乗客みんなでハッピーバースデーソングを歌う等、いきなりGood Feeling.

サンパウロのカンピーナスという町にある空港に真夜中に到着。そして、暗闇の中、我が家で待っていたのは、これからの私たちのパートナーとなる2匹の犬、ピコとピーナ。とても賢い番犬なんです。子供たちは早速仲良くなって毎日いっぱい遊んでる。

庭にはバナナの木とパパイヤの木。早速熟れたパパイヤを収穫し子供たちと食べました。

そうはいっても、こちらはただいま冬。まだ朝晩は寒く、ダウンを着たりしています。赤土の元気な大地が広がるブラジル。隣は牛と馬と鶏が放牧してある牧場で北海道みたいかな?

ともかく荷物をほどいたり、部屋をオーガナイズしたり、まだまだばたばたしていますが、おかげさまで無事にブラジルに到着しました。

さて、どんな毎日が始まるかな。とにかく無事についてよかった。

ブラジルでの日々

まだ到着して間もないですが、既にブラジルライフは始まってます。

やっぱり自分で台所に立つのは気持ちいい。到着してすぐに玄米を炊いて、里芋のみそ汁を作って。あ〜やっぱり和食って落ち着く……。日本を出て2〜3週間、そういえば味噌とか醤油とか玄米とか、殆ど口にしてなかった。やっぱりその国の食べ物が一番おいしいからね。身土不二《しんどふじ》ってことかな。

作ってもらうのも、おいしい物を体験するのも素敵だけど、自分で作るいつもの味はやっぱり落ち着く。でも、ちょっとブラジルテイストで。

芽ひじきはさっと茹でてマリネ風に。スーパーで見つけたオーガニックのインゲンを茹でただけのものといっしょに。玄米には、こちらでポピュラーなマンジャキーニョという白い人参みたいな野菜を一緒に炊き込みました。味は栗というか芋というか。黄色くてちょっと甘くて、こちらは今冬なので、何となくこんなほっくり、どっしりした味がおいしく感じられます。芋御飯ってかんじかな。黒ごま塩をかけるとおいしい。いつもなら玄米を嫌がる子供たちも、久しぶりのお米。もちろん文句なし！　おかわりまでしてあっという間にお鍋はからっぽ。

そして、主人の友人の家にてアボカドを収穫。とても大きな木で、葉っぱは固くて楕円形をしています。もうアボカドの旬は過ぎていて、残りのいくつかをとったのですが、上の方にあるから大人にはとれない。そこで我が子たちの出番です。がんがん登る登る！　4人揃いも揃って。一番上のおねえちゃんなんてちょっとおしゃれしてサンダルはいてきたのに、結局一番登ってた。

そしてそれぞれが一つずつ収穫。すごく大きいアボカド。長女の顔ほどの大きさがあります！

「この子たちがきてよかった。私、残りのアボカドをとるのに、毎年苦労してモンキーを飼わないといけないと思ってたのよ」

ってその家の人に言われて、来週末もうちの子供たちを派遣しましょうか？　って。

そんなわけでお土産に大きなアボカドを頂いてきました。もうちょっとで食べ頃かなぁ……。

そして昨日は次女の誕生日。前々からブラジルでの誕生日を楽しみにしていました。今年は主人とドイツの習慣にならって。朝、子供より早く起きて誕生日の子供の席を特別に飾ります。庭に咲いてる季節のお花でアレンジ。テーブルクロスには、主人の家で代々使われている型押しのリネンを敷いて。他の子供たちと一緒に誕生日の子供を起こしにいきます。席まで連れていって座って、朝一番に誕生日の歌をみんなで歌いました。

おめでとう！

夜には前々からリクエストされていたクレープ。

日本のクレープ屋さんで売ってるみたいなクレープを食べたいとのことで。作りましたよ、クレープ。ぜんぜんマクロじゃありません！　本物です！

みんなたらふく食べて。あ〜満足！

主人がレシピを見て作った本場のクレープ生地は子供にも人気でした。私はいつもマクロ仕様で作るから粉と水だけだからね。特別な日のごちそうだからまぁいいじゃん。

こんな感じで最近はすごしています。

ブラジルご飯

最近は、ブラジルでの暮らしをどう築くか、という日々をすごしています。

どのスーパーに行けばいい？　何を食べよう？　何作ろう？

やっぱり食は、とても重要になってきますね。だって毎日のことだもの。

日本食ばかり食べる訳にはいかないし、こちらの料理も楽しみながら自分たちに合ったスタイルを作っていくには、まだ暫く時間はかかるでしょうね。研究研究！

でも私は出産前だし、産後も暫くは日本食をベースにしたほうが体が整いやすいかなぁ……。子供たちもやっぱり御飯があると元気だし。こっちにきてから子供たちがますますよく食べるしねぇ。エンゲル係数が心配ですが！

ともあれそんなわけで日々模索しております。

大型スーパーにはオーガニックがあまりない。あっても高いし！　で、ケチャップとかも質がいいのがないし、じゃ作ろうね〜という感じ。ポルトガル語もまだよく分からないので、原材料が分からないことも多く、意外と添加物が入ってる物も多くて、こんな時はやっぱり手作りしちゃうのが一番。

今までの知識を総動員して、ますます食仕事が増えそうな予感です。楽しみ楽しみ。

つまりはブラジルで田舎暮らしが始まったということのようです。

東京に住んで2年。田舎暮らしから遠のいていたけど、まさか日本の裏側ブラジルで田舎暮らしが始まるとは、人生わからないものです。

でも私も主人もこういう暮らしが好きだし、子供たちも田舎で幼少期を過ごしたので根っこは自然児。焚《た》き火に土いじり、畑に動物、虫たちとの暮らしは大好きなので問題なし。

これからどんなことができるかわくわくです。

そんな中、主人の愛読書『Country Living』という本がとても役に立っています。田舎暮らしのバイブルというか。辞書のようなもの。

彼も変わったドイツ人なもので、なんでも作るのが好き。竹籠編みも私よりうまいし、蕎麦も打つ、パンもピザもケーキも作る。頼もしい限りです。私もこの本から色んなレシピを試してみたいと思っています。

今はその本をもとに、庭でとれたパパイヤの種を乾かしてシーズニングを作ろうとしているところ。あとは、アボカドの種を水栽培して芽が出て根が出て、庭に移植しようって。そんなことをして楽しんでいます。

そんなMyキッチンは、外にはちどりが来る大きな木があって、甘いパパイヤの木もあって。柵の向こうの牧場には昼過ぎると牛たちがお散歩したり、子馬がお母さんのお乳を飲みながら散歩し

DIÁRIO 1 2013.8-12

てたり。牧場と言っても日本のような家畜でなく、ほんとに自由にその辺をうろちょろしてる。めっちゃ近くに牛が来て、鳥がいて、みなさんこんにちは〜って言いながら料理しています。

日本からザルやら調理器具やら土鍋をたくさん持って来たので、それがキッチンにおさまると、やっぱりここは我が城、という感じがしてほっとします。

毎日おなかをすかせてる子供たちに三食作っておやつも作って、の日々。なんだか昔に戻ったみたい。東京にいる時よりもうんと料理をしてます。

先日は米粉を見つけたので、サトウキビシロップ（味は玄米米飴のような感じ）で甘みをつけて、サツマイモを加えて黒ごまをかけて蒸しケーキを作ってみました。それにスーパーで見つけたカボチャで私のレシピ本の中にあるカボチャプリンを作ったんだけど、柔らかくてクリームみたいになっちゃったから、それをディップしておやつにしてみたら意外とヒット！

日本にいた時は何でもあって何でもすぐ買えて、おやつも手作りした物を嫌がるようになってた子供たち。今では手作りのケーキやドーナツやクッキーなど、今日のおやつは何を作ってくれる？って楽しみにしてくれて作りがいがあります。嬉《うれ》しいなぁ。こっちはジャンクなお菓子が多いので買うより作る方がいいから、今までのレシピをアレンジして作る楽しみがあるなぁって。

この間はサツマイモチップをおやつに。ついでにこちらの料理用のバナナもフライにしておやつに。甘くてちょっと酸っぱい面白い味。ちょっとチリソースを付けて食べるとてもおいしかった。

そしてまたまたレシピ本よりキャンディーポテ

トこと大学芋。ここで主に使っている甘味料のサトウキビシロップで作りました。こちらも大好評！　黒ごまもこっちで見つけたんだ。

そして、とても楽しみにしていたココナッツ。飲むためのものと、中のココナッツミートをとるものといろいろ種類があるんだね。ミートを削る為の器具もあって、それを使って削ってみた。結構固いけど1個でずいぶんとれるんだよ。ドーナツにいれようかな、クッキーにしようかな、それともキャラメル作りに使おうか？　って今から悩んでる。

そんなこんなで毎日、ご飯におやつに、こちらの食材を試しながらやってます。

そのうえ、そろそろ赤ちゃんも生まれるし、その頃の家族の食事に備えてトマトソースやパンやお豆やら、いろいろ作って冷凍しておきたいから、毎日殆どキッチンで過ごしています。

さて、まずはトマトソースを作るかな。こちらもレシピ本より、ごぼうたっぷり、人参もすりおろして、野菜たっぷりのバージョンで作ろう。なるべく簡単にたくさん野菜がとれるようにね。

とにかく今はこんな感じでいろいろ試してる。玄米菜食だけじゃなく土地にあったものをそのように。プラス日本食とマクロビオティックのアレンジを加えて、移行期という感じかな。これからどんな風に食生活や暮らしを組み立てていけるのかなぁ。

Escola　学校

子供たちがブラジルで学校に通い始めて1週間が過ぎました。こちらは8月1日から新学期です。遅ればせながらですが、ようやく準備が整い、縁あって再びブラジルでシュタイナー学校にお世話になることになりました。

　学校までは赤土のがたがた道を通っていきます。バナナ畑を通り抜けて右に曲がると学校に到着。我が家のぼろぼろの車に子供をいっぱい乗せて、毎朝走り抜ける、といってても私はここでは免許がないから送り迎えは旦那さん。そういえば日本でもシュタイナー学校に通ってた時は毎日車で送り迎えだった。またあの懐かしい忙しさが戻ってきたみたい。

　言葉もしゃべれない子供たち、どうしてるだろうと初日はお迎えまでどきどき。

　前の夜、「私の名前は～です」はこう言うんだよ、と教えたり、「初めまして」と紙に書いて持たせるように準備したけど。トイレちゃんといけるかな？　名前言えるかな？　クラスではどうしてるんだろう……と家にいてもずっと心配していました。主人と二人でお迎えに行ってみると、大人の心配をよそに子供たちはとても楽しそう。あぁよかった……。

　なにせ、学校初のアジア人。日本人が来るらしいって学校中で噂になってたものだから、違う学年の子供たちもみんな見に来て、一緒に遊びたがってくれていっぱい話しかけてくれたみたいで。昔からよく知ってるシュタイナー学校の雰囲気はブラジルでも同じで、温かな教室と先生と元気で優しい子供たち。

　とにかく明日も学校楽しみだ！　って言ってくれて安心しました。

　学校には小さな畑があったり、パパイヤやバナナの木があって、今の時期は桑の実もなってるから木に登って休み時間にとって食べてるらしい。

バナナの木には教室の窓から小さいお猿さんが見えたりして、授業中にも面白いお客さんが来るそうです。

こんな感じでここでの暮らしをすこしずつ築き始めています。

一日一歩三日で三歩、三歩進んで二歩下がる。まぁそんなもんだよね。きっと。

2013.SETEMBRO

Boys

ブラジルに来てほとんどの時間を家で過ごしてます。我が家は、数軒の家が集合した集落にあって、このエリアへの道路の途中にセキュリティーがあるから、ここの住人しか入ってこないので、安心。

エリアの中には屋外プールがあって、住人の誰でも遊べるようになってるから、子供たちは好きな時に入りにいって帰ってきてはひなたぼっこして、犬と遊んで、という毎日。

学校に行ってるけど、長女以外は昼ご飯前に帰ってくるから、とにかく毎日よく遊ぶよく遊ぶ。言葉が分からなくても，知ってる人がいなくてもなんのその。

あぁたくましい子供たち……。しかもいろいろ笑わせてくれるのです。

近所に碧《あお》と翠《みどり》より小さい6歳と5歳の男の子がいて、とても仲良くしてくれてる。言葉が通じないながら、なにやら一緒に遊んで、うちを行ったり来たりしてる。でも仲良く遊んでたかと思えば、いきなりぷんぷんに怒って帰って来る。

「ちょっと聞いてよ！　マテオスとサンチアゴが意地悪するんだよ！　もう絶対あいつら遊んでやらない！」とのこと。

何したの？　と聞くと、「変な瓶に泥水入れて飲ませようとする」。

それってただふざけてるだけじゃん、まだ相手は小さいんだからさ大目に見てあげなよ、なんて軽く言ってもまだまだ譲れない年齢の二人。

そうかと思えば、「マテオスたちいないのかぁ。遊びたいなぁ……」とか言ってる。あれ？　もう絶対遊んでやらないんじゃなかった？

なのにちょっと誘われちゃうと、しょうがねぇなぁってな顔つきで鼻の穴膨らませて嬉しそうに家を飛び出していく二人。まだまだかわいいなぁ。

やっぱり少しは言葉のコミュニケーションとれた方が安全に遊べるから、「やめて、は pare だよ」とか少し教えておいたんだけど、またしばらくすると喧嘩して帰ってきたり、楽しそうに帰ってきたり。その繰り返しの日々で。

ある日翠がぷんぷんで夕飯時に帰ってきて、「俺、絶対ポルトガル語覚える！」って言い出した。

「いいね。でもどうしたの？」って聞くと、「俺、ポルトガル語しゃべれるようになったら、サンチアゴのお父さんとお母さんに、二人がすごい悪いことしてるの全部言いつけてやる！」だって。

そんな理由かぁ……。

「あいつらちびのくせにちょ～悪いんだ。pare って言っても聞かないし石投げて来るし！　お母さんに言いつけてやるぅ」

まぁポルトガル語しゃべれるようになりたいならなんでもいいか。とにかく勉強したいきっかけが言いつけたい！　ってのがめっちゃ笑ってしまった。

　こんなきっかけで子供は言葉を覚えるようになるのだろうか。

　そしてある日には、学校の行きの車のなか、外の風景を眺める子供たちが、「あ、あのおじさん女物のバッグ持ってるよ！」だって。

「？」

「それさ、おじさんに見える女の人じゃなかった？」

「ううん、男のおじさんだよ、なんで女のバッグ持ってるのかなぁ……」

　しばし悩みにふける碧君に、さらっと翠の一言。

「あ、じゃそれ泥棒だね」

　………。

　確かにね、男が女のバッグ持ってたらちょっとあやしいよね。しかもブラジルは盗難も多いって聞かされてたらね。でもさ、朝っぱらから泥棒が通学路で女のバッグ持たないよねぇ〜って。しかも碧君「そっか」って、やだ。納得してるし！

　そんなコントみたいな二人はブラジルでも健在。まぁどこでも楽しくしてられるんなら別にいいけど。

一日の光

　ブラジルに来て、はや3週間。毎日あっという間に過ぎていく。同じような毎日でも同じじゃない。特に子供といるとそれを強く感じる。

　昨日の晩はまた冬に戻ったような寒い夜だった。温かい夕飯を食べて、小雨の降る音を聞きながら、しんみりした夕べ。子供たちは静かに絵を描き始めた。

今は、スーツケースに入れて持ってきた分だけの洋服やノートや、必要最低限の物しかない。ただここでは紙やノートも高いし、日本のように100円でなんでも買うという感覚もない。おやつも東京に住んでいたらオーガニックでもなんでも簡単に手に入るが、そうはいかない。そして我が家はここでそんなに裕福に暮らしてるわけじゃないから、なんでも買ってやるわけにはいかない。

絵を描きたくても、スケッチブックは持ってこなかったから大事なノートしかない。本を読みたいけど持ってる本はもう何度も読んでる。勉強したいけど、テキストは船便がくるまで待たなくちゃいけない。物を大事にする、ある物で工夫する、持ってる物を慈しむ。今の暮らしはそれが基本。

昨日は主人が大学から裏紙を沢山もらってきた。それを見つけた子供たちが「紙があるよ！　ちょっと分けてくれるって！　絵を描けるよ！　誰かクレヨン持ってる？　色鉛筆あったっけ？」と、嬉しそうにテーブルに集まる。そして静かに一心に絵を描き始めた。

しっかりと大地に根を張った大きな樹のまわりに家がある。空がある。太陽がある。周りには色とりどりの服を着た家族がいる。まだ生まれてない赤ちゃんの分も入れて7人。犬もいる。草がはえ、花が咲きみんなで楽しくしてる。

あぁこんな絵を見るのはいつぶりかなぁ。絵は好きで描いてくれてたけど、色の使い方も描く絵もすっかり変わってる。素敵な気分にしてくれる絵だった。

そして、歌が聞こえ始めた。歌うつもりはなかったようだけど。絵を描きながら口からこぼれてたのは聞いたことのない言葉。そう。ポルトガル語で歌いだした。あれ？　っと思って今なんて歌ったの？　と聞くと、学校で歌ってるんだといって全部歌ってくれた。よく聞いてみると時計の歌。ポルトガル語でちゃんと意味のある歌を覚えてきたんだ。私は主人のために、子供たちにもう一度歌ってもらった。子供たちはただ体にしみ込み始めた音を、もう一度披露してくれた。あぁ、もうこんなに……。私たちの知らないところで。

そう。毎日はわずかな一滴。成長は目に見えないようで確かに訪れる。体に流れる水に新しい振動がしみわたる。ちょっとずつでも確かな変化。それがある時に芽を出す。

私たちはそれを見る度に、自分の命の成長についても希望を持つ。

本当にこういう瞬間が幸せだと思う。

Cozinha　台所

ブラジルでも私の台所仕事がやりやすくなってきました。はじめは買い物に苦戦し、何を食べたらいいか、気候や風土や色んな変化に戸惑ってたけど、大分落ち着いたかな。

それにはやっぱり米の確保が一番だった。どこでいいお米が手に入れられるかな、と探していたら、さすがシュタイナー学校。ちゃんと米の共同購入をしていて、早速仲間入りさせていただき50キロほど購入。デメテールをとってる玄米。1キロ6レアルほど。日本円で300円くらい。しかも真空パックしてるから長持ち。助かります。

毎日お米を食べられるというのは、ほっとする。子供たちもどんどん食べる。精米機を持ってきてるから、糠《ぬか》をとって、今は糠床を作るのを楽しみにしています。今は春だから、夏になるまでにキュウリの糠漬け食べたい！

そしてこちらで見つけた金柑《きんかん》。オーガニックマーケットで誰も買わずに残っていた。たっぷり買って金柑の酵素ジュースを仕込んだのだけど、それだけじゃもったいない！　残った実の部分の種をとって今度はキャンディーに。

2キロ分ほどの金柑酵素ジュースの残り果実を、1キロの砂糖と1リットルの水を煮詰めた液に浸します。一日目は煮詰めたのを20度に冷ましてから一晩浸す。二日目は残った液をもう一度沸騰させて40度に冷ましてから一晩浸す。それを60度、80度と数日繰り返していくと、金柑の皮が透明になってキャンディー状になります。それを乾かして瓶で保存。

おやつに食べてもいいし、香りがとてもいいので今年のシュトーレン作りに使ってみようか？って考えているところ。でも乾き具合を見るといいつつ、毎晩みんなでつまみ食い。クリスマスまで残ってるかなぁ……。

嬉しい産物がもう一つ。このキャンディーを作る時に使った砂糖のシロップが、金柑の香りがしてそれはそれはおいしいのです。別の瓶に保存して、寒天ゼリーにかけたりかき氷のシロップにしてみたら、ほっぺた落ちるほどおいしかった。今の我が家のおやつの定番となってます。

まさか金柑をこんなに使い回せるとは!!　ビバ金柑！

こうして家で手作りのおやつをみんなが喜んで食べてるのも嬉しいなぁ、と思います。

最近の大発見は、我が家の庭で大量になってるパパイヤ。青いのがまだ20個くらいついててどうしようかなぁ、と思ってたんだけど。そうだ、青パパイヤってサラダとかにするよね？　って、思いつきで作ってみたソムタム風サラダ。これがとっても好評だった。調味料はあるもので、にんにくちょっととしょうがの千切りをすり鉢であたり、プチトマト、ライムの絞り汁、醤油、塩、砂糖、唐辛子、パクチーを入れてすり鉢であわせます。本当は干しえびとか、ナンプラーとか入るよね。あとこぶみかんの葉っぱとかかね。でもベジ仕様で、あとはピーナッツがあれば完璧！　って味だった。グレイダーですりおろした青パパイヤは水にさらすと大根のつまみたいで、それに人参とビーフンもあわせて。最後にパクチーをたっぷり。きっと日本でも大根でできるんじゃないかな。

ここ数日暑くてこんなスパイシーなものが食べたくなる。アジアンスパイシーはブラジル人は食べたことない人が意外と多くて、友人の家に持っていったら大人気でした。アジア料理ってなじみがないのね。パクチーがよく手に入るから、こんな感じでタイ料理みたいのを作って楽しんでる。

出産

日本はそろそろ秋の始まりでしょうか。ここブラジルでは春の訪れを感じる日々。プリマヴェーラです。気持ちの上では私も日本の秋の深まりを感じながら、ここでは萌えいずるような春の訪れ。日本の春の様子とは違うけれど、気持ちは似てる。寒い冬はもう暫く戻ってこない。どこの国でも春は何かを予感させてくれる。始まりの時を連れてくる。

9月に入ってからずっと、熟れた柿の実がいつか木から落ちるのを何となく思い浮かべてた。その時が来るのをただぼんやり憧れていた。いつか来る。でも私には決められない。いつか来るはず。

夜になってその時が来たと分かった。なんだか今日だろうって予感はしていた。忙しかった日々が頭をかけめぐっていた。

妊娠が分かったのは、私と主人が半年ほど日本とブラジルで離れて暮らしていた時のこと。

子供たちに新しい命がやってきたことを話した、冬の日。

新しい家族を作るために、４人の子供たちもこの数ヶ月でいろいろな思いを抱き、いろいろな経験をし、心を動かし、体を動かし、家族の形を少しずつ変えていった。

色んな思いが巡りながら、私たちは今、ここにいる。日本の裏側の国に。

そして命がここで生まれようとしてるんだと、夢のような不思議な気持ちがしていた。

強くなる波のような痛みのなか、主人と外に出て星を眺めた。月は空になかった。そういえば昼間に大根のような薄い半月を見た。なのにどうして夜空になかったんだろう。空の下の方にあったオリオン座を見て、ここはブラジルなんだって思ってた。冬が過ぎていこうとしてるんだ。

静かな家の中。

真夜中に助産婦さんたちがきた。助産婦さんといえばおばあちゃんってイメージを持ってたけど、実はみんな私と同世代の女性３人。私は密《ひそ》かに助産婦チャーリーズエンジェルって思った。パワフルで個性のある３人組。素敵な女性たちだった。一人は同じシュタイナー学校に通う子の親、ラリッサ。彼女が助産婦をオーガナイズしてくれた。ラリッサは助産婦ではないけど出産のお手伝いをして英語で通訳をしてくれる。ヒーリングダンスを教える彼女は、とてもオープンハートな素敵な女性。出産までの過程でもいろいろ助けてくれた。本当は日本にいる間にコンタクトしていた助産婦さんがいたのだけど、なぜか会えるタイミングを逃してどうしようかと思ってた時に、ラリッサに出会い、今回の助産婦さんたちに出会った。言葉の分からない国でいろいろと予想外のことは起こっても、出会うべき人に出会い、必要なことはちゃんと用意されているんだと宇宙の法則に改めて感謝した。

子供たちは寝ぼけ眼で起きて来ると、リビングに見知らぬお客さんがいて、気がつき始めた。

赤ちゃんが生まれてくるんだ！

そわそわしながら何度も寝室をのぞきに来る双子君たち。でもなかなか生まれない。苦しそうにしてる私を見て、心配そうにちょっと怖そうにしてる次女。冷静にしてる長女。

5人目の出産だし、出来るだけ家族で産みたいという希望から、助産婦さんたちはリビングで待機してくれて、私と主人で寝室にこもってその時を待っていた。

子供たちが起きて来ると、早く産まなきゃというプレッシャーがどこかで働いた。こんな時にも子供の事を無意識に考えてしまう。

「朝ご飯何にしよ？　学校はどうしよう？　産んでから学校に行かせようか？」

双子を出産した時が同じく半月の日で、同じ時間に陣痛が始まり朝の5時半頃に生まれた。その時のことも頭に浮かんでたものだから、「今5時だからもう生まれるはずだよね？」そんな打算も働いてた。

しかも。思ったより痛い！

「え～こんなに痛かったっけ？　死んじゃうって！」と5人目を出産するベテランと思われているにもかかわらず、まるで初産の気分で「あ～いたい～」と、心の中で弱音を吐く。

確かに赤ちゃんも出てきたそうなのに、どうにも進まない。もう学校に行く時間はとっくに過ぎて、子供たちは学校を休ませた。外が明るくなって子供たちは外で遊び始めた。

私はといえば疲れて眠くなって、陣痛も遠のいてしまった。

「あ～せっかくもうちょっとっていうとこまで痛くなったのに、また最初からやり直し？　やだ～！」

「もしこれで生まれてこなかったら赤ちゃんはどうなる？　病院に行かなきゃ？」

そんなこと今まで全く考えてなかったけど、急に不安が頭をよぎった。ここはブラジル、日本とは違うんだ。万が一何かあったら？

そんな時に主人もラリッサも「ちょっと寝て休んだらすぐに生まれるよ。もうここまで来てる。もう生まれるしかないから、もうすぐだから」と励ましてくれた。

「もういいよ、出ておいで。みんな待ってるよ」って赤ちゃんに話しかけた。

そういえば、今まではずっとなんとか生まれないようにしていた。日本を出発して、飛行機に乗ってドイツに行って、ブラジルにやってきて、いろいろな手続きをして「ちょっと待ってね。もうちょっと頑張ってね。おなかにいてね」って赤ちゃんに頑張ってもらってたことを思い出した。きっと赤ちゃんもなんとかおなかにいて、元気に生まれてこようとして頑張ってきたよねって。

だから心の奥で話しかけた。「いっぱい頑張ってくれてありがとう。もういつでも大丈夫。出ておいで。一緒にがんばろう（痛いけど……）」って。

私も赤ちゃんも、今までずっと体を閉じるようにしてホールドするエネルギーを持っていたと思う。だから、もう体も心も解放してリラックスしてダンスでもする？　って気がついたら無意識でダンスしてた（陣痛ダンス）。旦那さんと二人でグニャグニャダンス。

でも体が自然とこういう風に動きたかったんだ。体は必要なこと分かってるんだよね、きっと。でもまさか陣痛の合間にダンスをするとはね……。

その合間にどんどん陣痛が強くなって、気がついたら30分もしないで赤ちゃんは生まれてきた。

子供たち４人はそれぞれベッドの周りを取り囲む。それぞれのポジション。

一人、私のそばでしっかり一部始終を見届ける長女。

足下の方で二人で手に汗にぎって見てる双子君。

ドアの近くで隠れながら、でも心配そうに見てる次女。

それぞれが何かを体験してる、内側で外側で。それを感じる。

日本語と英語とポルトガル語が飛び交う寝室でこの子は生まれた。

薄暗い寝室で、沢山の人に囲まれて、にぎやかなはずなのに静かに生まれてきた。

おぎゃーという、驚くような赤ちゃんの泣き声はなく、するっと音もなく生まれて私の胸の上にのっかった。

すぐに子供たちが寄って来る。

「わぁちいさいね〜、赤いね〜」

「男?　女?」

嬉しそうな声がする。

元気な男の子。静かにみんなのもとへやってきた我が家の新しい仲間。

こうして日本の裏側で新しい日々が始まった。深まる秋とは反対に萌えいずるような春のブラジルで。

2013.OUTUBRO

産後の食事いろいろ

赤ちゃんとのんびり過ごしているうちに、あっという間に数週間たってしまいました。

最近やっと台所に立つようになったのですが、産後は薄暗い部屋で赤ちゃんと二人でおっぱいあげて、寝て、ちょっと食べてという毎日。

今はドイツから夫の両親が来てお手伝いしてくれているけれど、最初の10日ほどは私たちだけだった。学校の送り迎えからお弁当、食事に洗濯掃除に犬の世話。そして私と赤ちゃんのお世話も。主人と子供たちとで乗り切るのは異国でなかなか大変だったかな。

特に食事はどうなるかなぁと思っていたので、1ヶ月前くらいからピザ生地やベジハンバーグ、トマトソース等、解凍してすぐ食べられる物を作り置きしておきました。それと玄米の炊き方など紙に書いておいて、あとはあるものですませて乗り切ればいいいか、くらいに思ってた。

外食は基本的にしてないし、出来てる物もお肉とか多すぎてちょっと食べられないから作るしかないのです。でも御飯があって、味噌もあるし、あとはふりかけ等のコンディメントを産後の子供の食事の為に日本から用意していたから、それで大丈夫かなと思ってたけど、ところがどっこい。なんと助産院のような料理を毎食主人が作ってくれて！　本当にび〜っくりした。

分つきの御飯に胡麻しおと若布《わかめ》ふりかけ。キュウリに味噌。大豆のマリネに里芋のみそ汁もついてます。それにドイツから持ってきた貧血予防のハーブコーディアルのドリンク。

私の好きだったメニューは、貧血を考慮したビーツなど野菜のサラダ風炒め物。ビーツとブロッコリーなど色んな野菜を炒めたのと生の野菜とをあわせて、お醤油とかで味付けしたもの。ちょっとリコッタチーズが入ってて、酸味があって軽い食感。

産後の食事は殆ど油を使わない物。生の物を取り入れながら、火の通った物などもバランス良く。薄味の汁物がおっぱいにも体の回復にもいいなと実感。若布で出汁をとった味噌汁がとてもおいしかった。日本なら当たり前にあるたくあんや梅干し、ごま塩などはあると便利だなと思いました。

産後すぐにはあまり食べられなくて、食べたくなくて、そのあとは分つき御飯がおいしかった。それにごま塩とかで産後の子宮の戻りも助けてくれたかな。

産後って富士山を登ったあとみたいな感じ。体も心もね。すっごくしんどいけど最後にはご来光が見れた〜みたいな。体は疲れてるから食べられないけど、良質の糖分が欲しくなる。私は蜂蜜をときどき食べました。あとはあると便利だったのがドライフルーツとナッツ。特にアプリコットとパンプキンシードが良かったな。あと玄米ポンセン。ブラジルに来て子供のおやつにストックしていたけど、それもすごく役に立った。

そういう物をちょっと食べて、食べたい時はちょっと御飯も食べて、そんな感じで産後の数日は無理に食べずに過ごしました。そう、意外と食べなくてもいいっていうのが新発見。そのほうがおっぱいも調子良かったかも。

妊娠中は食べたい物を食べるから、肉でも魚でもいいやって思ってたけど、産後は薄味のもの、御飯と野菜の食事は体が喜ぶ味で、毎日そういうものを食べました。結局マクロビオティックだったのね。お陰で貧血や出血などの異常もなく元気に回復してる。

それから、授乳もあるから水分を沢山とってます。お番茶はこちらでも買えるので、普段から作り置きしてたっぷり飲めるように。あとは酵素ジュースを作っておいたけど、これがまたすごくいい！ 日本ではそんなに飲んでなかったけど、消化が良く良質の糖分で体が潤う酵素ジュースは御飯代わりになってました。私は金柑で作っていたのだけど、いつもより水を多く入れて薄めにして酵素ジュースを飲むのはお勧めです。

あとは南国ならではのココナッツ！ バリにいる友人からバリでは産後にココナッツを飲むんだよと聞いて、主人が沢山買ってきてくれて。ココナッツウォーターのさっぱりした甘みとフレッシュな水分が、もう染み渡るようにおいしかった～。日本では気候も違うからちがうかも、ですけど。

ともあれ良質の水分として薄味の味噌汁と酵素

ジュースというのが、ずいぶんと体の回復を助けたと思います。

そして極めつきは……。一人で出産した友人からのアドバイスで、産後3日くらいは赤ちゃんもお母さんも欲しくないなら食べなくても大丈夫！でも胎盤だけは食べてね、と言われてたからそうしてみようかな、って思って。とうとう食べちゃいました。出てきたてほやほやの胎盤を！

その話は前からしてたから、どう料理したらいいかも主人に教えておいたので、胎盤出たらすぐにボウルに受け取って、「はいはい。じゃちょっと待っててね～」って感じで主人は台所へ。

さすがわたしの旦那さん。普通、え～気持ち悪い！って思うところですけど「へぇそうなんだ。胎盤食べるんだ～、どうやって作る？」って普通に興味津々で料理してくれて。

あっけにとられるブラジル人助産婦を横目に、さっさと料理してベッドに運んできてくれたので、出産後すぐに食べたのは自分の胎盤。しかもそれを見てた子供たちも一人をのぞいてみんな食べて、「これなに？　なかなかおいしいけど～肉？」みたいな。おかわりしちゃったりして。

胎盤を食べるのが日本の習慣と思ったブラジル人助産婦さんたちはちょっとびっくりしつつも、「写真とらせて！」とか言って。「やっぱり私もちょっと食べてみる！」とか結局みんなで食べちゃって。

「いや～みんな食べなくてもいいんだけど……」って心の中で思いつつ。胎盤パーティー in Brazil。同じ杯をかわす、というか同じ胎盤を食べた同志。ということで国境を超え、年齢、性別を超え何かーつになったような……。

まぁ人生一度きりだから、やりたいことは色々やっといた方がいいですよ。

そんなわけで、そのおかげで？　ともかく体調も順調で赤ちゃんも元気で、いろいろ面白い体験をしています。

一日

とある日曜日、今はこんな風に過ごしてる。

サマータイムが始まったブラジル。最近は暑くなってきたから、朝からお味噌汁を飲むことは殆どなくなった。その代わりにマンゴーとジンジャーとミントで作った酵素ジュースにライムをしぼって朝の食卓に。それともっぱらミューズリー。ミューズリーを食べられない長女は残り御飯を温めて食べる。ふふ、めちゃくちゃ手抜きです。

最近はまってる酵素ジュース作り。初夏になりつつあるブラジルで、実り始めた色んな果物をどんどんジュースにしてる。双子君が学校にあるジャボチカバの実を沢山とってきたからそれも酵素ジュースに。ジャボチカバは葡萄《ぶどう》のような見かけだけど、皮は固くて普通は食べないらしい。中に種があって、みんなは種も皮も出して汁だけ吸うみたい。ちょっと癖があるけど野性的な元気な味がする。ブラジルならではのフルーツで私は好き。またブラジルならではの、マラクジャ（パッションフルーツ）とパイナップルの酵素ジュースも作ってる。

酵素ジュースって、残った果物のかすを瓶にいれて水をたして発酵させれば、パンを焼く酵母液になるんだよね、なんてお得な！　この酵母液で先日はピザを作った。しかも！　酵素ジュースの残りかす、これだけじゃない。ジュースをとったあとのマンゴーは、シロップ漬けのマンゴーになってるから、よく乾かしてドライマンゴーにするとおやつにもなる。よくフェアトレードで売ってる砂糖漬けのドライマンゴー。あんな感じの仕上がりになります。

日本だとちょっと甘過ぎるように感じるかもしれないし、砂糖はちょっと、って思ってたけど、ここブラジルでは質の良い砂糖って身土不二だなぁと思うのです。所変われば品変わる。ここでのいいバランスを見つけるのも楽しい。ここでのマクロビオティックはどんなスタイルかなってね。

マンゴーを干す傍《かたわ》らでは山のような洗濯物。赤ちゃんのおむつに6人分の洗濯。そんな時にはお手伝い小人の出番です！　お願いお願い干しといて〜、とお任せして、どんどん洗濯機まわしますよ。

気持ちがいいくらい山盛りの洗濯。翻る洗濯物は圧巻。あぁ大家族だなぁとつくづく思い、ちょっと幸せな気持ちにもなるのです。まぁ、毎日大変だけどね。

小人さんたちが働いてる間に、お母さんはおやつ作り。ブラジルに来て好きになったのがグアバジャム。基本的にジャムはあまりおいしくない国ですが、やっぱりその国のフルーツのはおいしい。どこでも朝食にグアバジャムが出てくるんです。グアバのいい香りがたまらなくて、癖になります。そのジャムをはさんで作ったジャムクッキー、ただいま我が家で流行中。

子供のおやつと言えば、今はこのクッキーをストックしたり、土曜日に大量のポップコーンを作っておいたり。ドライフルーツのアプリコットやレーズンにミューズリーを食べてます。

あとはフルーツもよく食べる。中でもバナナは最高！　バナナの常識を覆すほどおいしくて、バナナ嫌いの次女もおいしいね！　って食べるほど。日本でもオーガニックのバナナを買ってお菓子にしたり食べたりしてたけど、比べ物にならないくらい。ここのバナナは青いうちに買っておいて、家で黄色くなってから食べてる。

やっぱりその土地でとれる物はエネルギーがあって、体がおいしい！　って喜ぶのがわかる。

身土不二とはよく言うけれど、その土地にある物を食べるってすばらしいことだって改めて思いました。いろいろと私の中の当たり前、常識を覆してくれるここでの食事。

そうこうしてる間に一日は終わっていきます。本当にあっという間。

洗濯物が乾く頃には夕飯の支度をして、犬に餌をあげて。洗濯物を子供がたたんで、宿題をして、一日の話をして。

今日もこうして一日が過ぎていくのです。

2013.NOVEMBRO

Surprise in Brazil

日本の裏側ブラジル。さすがにいろいろとびっくりなことがありますね。

今日はそんな面白い？　サプライズをいくつかご紹介。

まずは、日本に書類を送るので郵便局（Correios）に行った時のこと。封筒をいくつか送ってもらおうとしたら、受付のおばちゃんが「で、この書類は無くなってもいいもの？　そうではないもの？」と。

なんですと!?

無くなっていい訳ないじゃん！　と思わず突っ込みたくなりましたが、おばちゃんは平気な顔で、「無くなってほしくなかったらレジスターしといた方がいいよ」ってさらっと返答。基本的に無くなっていいもんなんか郵便局に持ってこないよって思いながら、「じゃ、レジスターしてください」とお願いしたのでありました。

さすがブラジル。意外な質問にびっくり。

そしてある日は用事があってカンピーナスの街まで行きました。ふと見ると、工事中のビルが。ビルの上の方でコンクリートの窓枠を削ってるわけですよ。それでもってその削ったコンクリートの塊を、まるで教室で机から消しゴムのかすを捨てるかのように、ささっと払って下に落としてるんです！

「お〜い、下の人大丈夫ですか〜？」とまた突っ込みたくなりました。だって8階くらいの高さからだよ〜。いいの？　そんなのあり？　ブラジル恐るべし！

そして、その日の行き道にもそういえばおもしろい物が。車が信号で止まってると前の車に、「おや？」。

テールランプが……おや？　おやおや？

右側ちょっと変じゃない？　って思ったら、なんと壊れて割れちゃってるから赤いセロファンを自分で貼っちゃってるし。しかも、そのセロファン、どこかのお店のラッピングの袋を破って作ったみたいで、うっすら文字が透けて見えてるし。

Soooo cool…!

これがブラジリアンスタイルさ。壊れたら自分で直すのさ。テールランプは色付きセロファンがおしゃれなのさ〜って、よし。今度我が家も車のテールランプ壊れたらトランスパレントスターを貼ろう。きっとライトアップされてきれいだろう……。と子供たちと話していました。

驚きは街の中ばかりではありません。道を歩けば色んな植物がいっぱい。マンゴーがざらんざらんなってる街路樹など、私は「うわ〜取り放題！」と思うけど、こっちの人にしてみれば日本の柿の木感覚で珍しくもないし、別にとらないし、という感じ。そこら中にドリアンの木も生えてて、ざらんざらんですし。栗拾いならぬドリアン拾いですよ。

そして極めつきは……。今朝の我が家にて。

いるとは聞いてました。聞いてましたけど本当にいるとは……世界一の猛毒蜘蛛が！　家の中に!!

台所にいると、書斎から主人の呼ぶ声が。

「なんか殺さなくちゃいけないクモかもしれないから来て」

「どういう意味かしら?……まさか毒蜘蛛？」

「うん。多分ね」とさらっと返答。まじっすか！

急いでパソコンで調べるとやはりこいつは!!

この毒蜘蛛まさかうちにいるとは……。しかも世界一の猛毒！

よくよく調べると、この毒蜘蛛、なぜか私たちの住むカンピーナスにいるらしく、死者は今まででだいたい10人くらい。被害が起こる場所は家の中だそうで。季節は3月・4月と9月・10月に被害が出るんだって。

もうそんな訳で、今朝は子供を集めて緊急会議。

「こんな色のこんな形のクモが家にいたら絶対触っちゃダメだよ！　大人を呼ぶんだよ！」などなど。

私たちの知らない世界がここでは存在するのです。自然界も恐るべし！

きっとまだまだサプライズは続くでしょう。どんなことが待ってるのか。異文化を知ることはなかなか面白く、そして驚きにあふれているのでした。

Os meninos maluquinhos　わんぱく坊や

どこにいても毎日楽しく暮らしてる可愛い双子。そして困った双子。既にローカル並みに日焼けするほど毎日プールに入っては、近所の子供と遊んでる。我が家の誇るべき、メニーノス　マルキーノス（わんぱく坊や）。学校でもすっかり人気者で、今や女の子から「遊びにきて！」と引く手あまたの双子。

しか〜し。私は日々はらはらしているわけで……。そんな数々のエピソードをいくつかご紹介。

先日髪の毛を切るということで、近所のサロンに連れて行きました。ところが前から髪の毛を短く切るのが好きじゃなかった双子君。日本では短く切るとちょっとかっこ悪いっていう風潮があって、それでいやだったのね。ここでは全然ちがうから、むしろ双子みたいにぼさぼさの髪の毛はみっともない。みんなさっぱり髪を切っているし、暑くなるし短くしようってことで、主人も行ってるサロンに行くと……。

私は車で赤ちゃんと待ってようって思ったら、サロンに入って5分もしないで「日登美ちょっと……」と主人の呼ぶ声が。

いや〜な予感……。中に入るとぷんぷんに怒ってる翠君。

「こんなに切るって聞いてないよ！　もうやだ！帰る！」

がび〜ん……。帰るっていってもさ、既にもみあげも切りそろえられてるしサイドはかなり短く切ってある。前髪だけ伸びたままでそりゃないよ。

「前髪切ったら終わるから、切ろうよ」って言っても、「ぜ〜ったいやだやだ！」と。一人が騒ぐと、もう一人ももれなく騒ぐ困った双子。

「おれもやだぁ、はずかしいも〜ん」と碧君。

ってていうかさ、今の状況十分恥ずかしいですよ、お母さんは‼

ブラジル人の床屋さん、困っております。

「前髪は切った方がいいんじゃないですか……？」と申し訳なさそうなおじさんを尻目に「帰る！」の一点張りの翠。あぁ。助けて〜。

ポルトガル語であやまりつつ、日本語で叱りつつ。まったく！　困ったもんだ！　ってね。

でも顔を見てみると……ぷぷぷ。めっちゃへんちくりんな髪型で、まるでレゴのヘルメットかぶった人形みたいなんです。笑うしかないね。

自宅に帰ってきて「どうしたその髪！」とドイツの両親に突っ込まれ、爆笑されたことは言うまでもない。そして双子はさらにぷんぷんだったとさ。これも大人になったらいい思い出だろう……。

今日は学校のマリアナ先生と面談があった。学校での子供の様子とか家ではどうしてる？　とか、私もなかなかポルトガル語でコミュニケーションできないので、英語の先生が通訳で入ってくれて話をした。

学校でどんな風にしてるかと思えば「翠はよく

ふざけてますよ」と。え？　何語でふざけてんだ？

「私が何かを叱ったりしてもふざけて、『マリアーナバナーナ』とかいってかわします」と。

そんな高度なテクニックを！　なんじゃそりゃ～。

しかもある時はこんなことも。

毎朝その日のニュースをみんなの前で発表する時間があるのだけど、その日は翠が手を挙げました。お、すごいじゃんっと思ったのもつかの間。みんなの前で翠はこう言いました。

「エウ　ナンオ　ゴスト　プロフェッソーラ　マリアーナ」

「僕はマリアナ先生きらいだよ」だってよ……。

クラス全員大爆笑だったそうな。先生も笑ってたけどね。

「しかも、ポルトガル語だったのよ。もうおかしくって」と、先生笑ってくれてありがとう。

私も聞いた時、笑っちゃったけどさ。学校でもいろいろ悪さしてんだなぁって、しかもなにげにポルトガル語でもいろいろやろうとしてるんだぁって。あきれるやら、感心するやら……。

そういえば！　この話を聞く数日前に、翠が私のポルトガル語の本をちょっと貸してって言ってたな。そして、「そっか、こう言うのかぁ……」とかつぶやいてた。

さては、あの時すでにこのいたずらをしかけようと準備していたのでは!!　我が子ながらあっぱれ。

ともあれ、先生には深々と頭をさげて、「これからもよろしくおねがいします。お世話かけました」と言っときましたよ。

我が家のメニーノス　マルキーノス。これからもどんな武勇伝を作ってくれるか楽しみな気持ち半分、心配半分……。

2013.DEZEMBRO

Bom Natal　メリークリスマス

12月。師走と日本では言うけれど、ブラジルの12月はそんな雰囲気はない。

季節は真夏。いよいよ夏休みが始まって、暦の上では年末なのに気分はすっかりバケーション。仕事納めで忙しい日本とは違って、いよいよ始まった休みを楽しもうと皆わくわくしている。

シュタイナー学校ではクリスマスの時期を重要視しているから、いろいろと特別な催しがあるのだ。クリスマスは光の体験。冬に暗く静かになる外側の風景とは反対に、心の内側にともる自分の光を感じる時期。私はそういう風に思ってきた。けれどその時に真夏を迎えるブラジルではどんな風にクリスマスを過ごすのだろう？　そう思っていた。

そんな中、シュタイナー学校では教師による生誕劇があった。

燃え盛るような日中の暑さが和らぎ、涼しい風の吹く校庭に三々五々、人が集まる。舞台には冬の夜空がセッティングされ、劇が始まった。

驚くことにそれは、日本の学校でやっていたのと全く一緒だった。歌も台詞も内容も全て同じでポルトガル語バージョン。しかも長女の通っていた日本のシュタイナー学校の担任の先生がやっていたのと同じ配役を、ブラジルでの担任の先生がやっていた。

不思議な偶然が嬉しかった。劇を見ているうちに静かなあの気持ちがよみがえって来る。暗く静まり返った日本の冬に、心を込めて教師が送ってくれた生誕劇を見ていたあの頃。

小さな子供たちと何年も繰り返して体験したものは、クリスマスという時を通して今でも心の真ん中にあかりを灯《とも》してくれているんだ。すっかり真夏気分で日々の暮らしに追われている私の心にも、クリスマスの温かさがやってきた。

閉ざされた空間で見る劇とは違って、開かれた野外で見るブラジルの生誕劇。劇の途中ではクッキーが配られたり、子供たちはわいわいと楽しそうにしている。そして劇の終わりにはやっぱり盛大な拍手とピューピューという口笛でブラボ〜！

的な雰囲気は、ブラジルらしいなぁと思った。

光を待つ、クリスマス。

日本では内側にあった光を、ここでは外側に感じる。

ラテンの国の年末

気がつけば年末。今日もラテンの国にていろんなことを体験しております。ここでは日常がハプニングの連続。

まずは我が家のコンドミニウに続く唯一の橋が壊れ、直してもらうためのデモをしたら、現地テレビの取材がやってきて朝のニュースに出ちゃったし……。

まぁお陰で、まだ橋は直ってないけど、取りあえず新しい道をつくってくれた。いきなり牧場を壊してほぼ二日ほどで完成したこの道。やればできるじゃん！　でもやる気にならないと、とことんやらないブラジル。

そのあとにはなぜか我が家のインターネットがつながらなくなり、実はもう1ヶ月も直しにきてくれてない!!　なぜに!?　でもね、インターネットのない生活ももう慣れちゃった。必要な時は大学で使ってる。

それでもって、車も月一の割合で壊れるんだよ！　そりゃこんな赤土のでこぼこ道を毎日走ってたら、サスペンションやらいろいろダメになるよね〜。車、がんばれ！　とか応援しちゃう始末。

すごいよね……これだけいろいろ起こってくれたら、ケセラセラで暮らすしかないのですよ。そう、それがラテンの国の暮らし方ですね。

ほら、今日も牛さんが道を歩いてる。

あぁ、いい天気だね、暑いよね。のんびり行こうのんびり行こう。

ちっちゃいことは気にしない。なんとかなるさ、明日はいい日になるだろう！

そんな風に暮らしてる。そしてきっとほんとにそうなんだ。

年末の忙しさなんてここでは感じられない。夏国で過ごす２０１３年の終わりです。

ゆく年２０１３

２０１３年12月30日。

走り抜けた２０１３年が終わろうとしています。夏休みまっただ中の今日、ひんやりと小雨の降る今朝、２０１３年という不思議な年を振り返っています。

赤ちゃんがやって来るとわかった1月。初めて長女を授かった時から干支が一回りした今年、不思議な繰り返しを思いながらの妊娠だった。

「オーガニックベース」で初めてコースのクラスを始めた2月。半年のクラスを生徒さんと一緒に過ごせたのは私にとってもすばらしい体験でした。渾身《こんしん》のお弁当コース、ビューティーコース。お腹の赤ちゃんとともに無事に終えることができたのは嬉しかったなぁ。

そういえば長女を妊娠した時も、私は大学生で卒業論文を書きながら赤ちゃんと過ごした妊娠期間だった。私はいつも忙しい中で赤ちゃんと一緒にいた気がする。

長女が中学生になった4月。気がつけばすっかりお姉さんの長女。12年があっという間だったなぁと感慨深く。

初のレシピ本を出版した6月。すばらしいスタッフに囲まれて1年をかけてようやく出来上がったレシピ本。私の今までの台所での集大成が本になった。子供たちとの歴史の詰まったこの本を、いつか彼らに贈りたいって思ってる。

そしてコースを無事に終え、半年以上の別居生活を経て主人が私たちを迎えにきてくれて、日本からドイツへ出発した7月。ドイツではサプライズの結婚パーティーをしてくれたんだっけ。主人のいとこの手作りウェディングケーキに、おばあちゃんから受け継いだネックレスを頂いた。新しい家族の絆が生まれたのを感じてとても幸せだった。

ドイツを経由してほぼ臨月でブラジルに到着した8月。

家族皆で見守る中での出産をした9月。

それから季節があっという間にすぎて、もう12月。

異国での日々は、毎日いろんなことが起こって毎日やることがたくさんあって。てんやわんやのうちに赤ちゃんもすっかり首がすわり、ぷくぷくと大きくなり。

いやぁいろんなことがあったなぁ。なにより、今は異国で暮らしてる。新しい毎日が始まってる。2013年は私の人生のターニングポイントだったんだろう。

そんな変化の年のクリスマスも、今までとは違うものになった。真夏のクリスマス。ブラジルだもの、そりゃ全然違うよね。アドベントカレンダーも今年はなかった。そういう気分にならないんだもの。気分は日本の5月が再びやってきたような感じ。プールに入って外で遊びたい！　それでも不思議と口ずさむのはクリスマスの歌。

子供たちは、サンタはブラジルにも来るのか？と聞いてきた。今まではずっとサンタさんがやって来てほしい物をくれていたのだけど、実は今年はサンタの役目を終わらせようと企《たくら》んでいた。クリスマスはブラジルだし、双子たちもほぼ9歳をむかえ、そろそろメルヘンの世界から人間界にやってきてもいい頃だし、家族との時間を大事にする習慣のある、ドイツ人の主人の家でやっていたクリスマスの過ごし方に変えるには丁度いいと思っていた。

サンタクロースもいいけれど、シュタイナー学校では12月6日にセントニコラウスがやってくる。その時に小さい贈り物をくれる。それがサンタクロースのはじまり。今はそれで十分だと思った。クリスマスの意味をおもちゃを買うための日だけにしてしまうのはちょっと退屈だ。

そんなわけで、今年からはサンタは来るか分からないけど、家族でプレゼント交換をすることにした、と子供たちに告げた。はじめは、「がび～んサンタ来ないかも！」って衝撃を受けた子供たちも、「まぁしょうがないよね。ブラジルに引っ越したの知らないかもね」となぜか納得。

その日から子供たちはせっせと手仕事を始めた。家族一人一人にむけて自分でできることでプレゼントをする。買ってもいいし、作ってもいい。子供たちはもちろん作ることを選んだ。みんなひそひそと楽しげに何か作ってる。

「もうママのはできたからね！　見ちゃダメだよ！」

「ユニオ（赤ちゃん）のはすっごいいいものにしたよ～」

などなど。秘密の仕事は面白い。夜なべしてなんとか仕上げる子。綿密な計画のもとしっかり作り上げる子。ただ楽しくて遊んでる子。いろいろ。

私たちは忙しい中、子供たちに見つからないように買い物をしてプレゼントを用意した。手作りの物に慣れてる子供たちは、やっぱり買った物に憧れてる。手作りはもう十分にしてきたから、子供たちそれぞれに良さそうな物を考えて買ってきた。

クリスマスの当日には、昔からよく作ってる葡萄のようなちぎりパンを焼き、主人の誕生日に毎年焼かれていたと言われるKringelという甘いパンを焼いてクリスマスケーキにした。

一日中、まだ夜にならない？　もういいよね？　何時からやる？　もう暗いんじゃない？　と楽しみで待ちきれない子供たち。

いよいよ食事が終わると、一つの部屋に集まる。そこには一人ひとりにテーブルがあって布がかけてある。一人ずつ部屋に入ってそれぞれの名前の書いてある布の下に、自分からの贈り物を入れて布をかぶせる。

静かな夕べ、最後の贈り物をテーブルに置いたら、皆でその部屋にロウソクをつけて入り、クリスマスの歌を歌って、待ちに待ったプレゼント交換をした。

まずは一番小さい子から順番に。私たちからも手作りの物が来るとばかり思っていた子供たちの喜びと驚きはひとしおだった。

そして、私たちにもプレゼントが来た。親になるとプレゼントなんてもらえない、と思ってたから私もすごく嬉しかった。長女は学校の授業で作ったお玉をくれた。何ヶ月もかけて木っ端から彫り出して作ったお玉。一生の宝物だ。

欲しい物はサンタクロースからではなく、人間の手からやってくる。一番近くにいる家族の手からやってくる。クリスマスが身近な愛からやってくる。

楽しいひとときがすぎて、子供たちは今、そのプレゼントで夏休みのまっただ中を遊んでる。まるでもう一度２０１３年の夏休みを体験してるような今年の年末。日本を出発したあの夏を、ブラジルで味わいなおしてる。

新しい場所で、新しい家族で。

こうして不思議と人生は続いてる。変化をしながら時には場所を変え、言語を変え、流れながら、移動しながら。時に留まることもありながら。

ただ、今はこうしてみんなが元気でここで生きてることに感謝せずにはいられない。２０１３年という波を無事に乗り越えてこられたことに。

全ての人に、全てのことに感謝と共に。良いお年を!!

BRASIL 1

ここの渋滞は日本のよりハンパない。
動かないと言ったら本当に動かない。

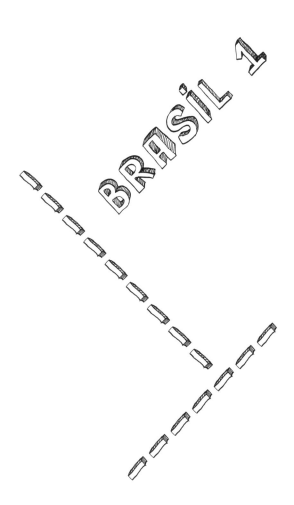

修行

全てが不可能な国ブラジル。同時に全てが可能な国ブラジル。

ブラジルでの役所仕事は恐ろしいほどはかどらない。恐るべき仕事の遅さ、恐るべきいい加減さ、これは実際体験してみないと想像もつかないだろう。

実際主人は1年のビザをとり、外国人登録をするのに3ヶ月ほどかかった。本物の登録証が届いたのは期限が切れる2ヶ月前だった。結構重要なカードなのにそれでいいのか？ 結局ほとんどの滞在期間を予備のぺらぺらの紙切れで過ごした。どうもこの国では重要な書類はいつでもぺらぺらの紙切れなのだ。それならいっそのことカード作るのやめたらいいと思ってしまう。

外国に長くいるとなると、とにかくこういう役所仕事がつきまとう。何をするにも登録、番号、スタンプがとっても大切らしい。国が違うとこんなにいろんなことに承認やら印鑑やらが必要になるんだなぁと、改めて外国人になるという気分を味わっている。そんなわけで役所仕事に明け暮れる日々が始まったのだった。それは修行かと思われるほど長い道のりだった。

ある時はアポイントメントをとるのに苦戦し、ある時は決められた通りの書類を持っていってもなぜか不足していますと言われたりした。そう、この国で大変なのは、毎回何が正しいかが変わってしまうことだ。気分次第、運次第。この国ではラッキーの女神を味方につけないと、スーパーの買い物一つとってもうまくいかないのである。つまり、家を出るその時に「今日はついてないなぁ」という気分で出発したなら、もうその日は家を出る意味はないと思った方がいい。なぜならきっと銀行に行っても何かの手違いでお金を下ろせないことになるだろうし、登録しようと思っても、きっと書類不足とかで阻止されるからである。本人の落ち度の問題でなく、本気で運次第だからブラジルって国は面白い。昨日まで可能だったことが今日不可能になる。絶対無理だろうということがなぜかすんなり可能になる。ここでの暮らしは毎日が運だめし。だからダメもとでもやった者勝ちなのである。

日本にいた時のように遠慮なんてしている場合じゃない。無理なことでも自信たっぷりに、「もちろんやってもらえますよね」という態度で挑むことが肝心。そしていつも祈りの心を持つのも肝心。そしてあきらめのよさも肝心。うまくいかない時は怒ったって仕方ない。この時点で登録作業というのが人間相手の問題なのではなく、何かもっと目に見えない大きな力に挑んでいるような気になる。精一杯頑張り、結果に執着しないで生きる。そんな風にしているとただの役所仕事を終わらせていくだけで、なんだか悟りさえ開けてきそうである。

かくしてようやく役所の仕事が一段落した時には、既にブラジルに着いて半年が過ぎていた。何事も決められたことがきっちり予定通りに運ぶ、日本という国の便利さもすばらしいなぁと改めて思いつつも、毎日がなるようになる、ならない時はならないという、風まかせなこの国のあり方には、不便さもあるけれど学ぶことも多い。

役場にて

「認証コピー800レアルになりますがよろしいですか?」

　おずおずと役場のお姉ちゃんは私たちに尋ねた。

　800レアルと言えば日本円で約4万円、ブラジルでは、ひょっとしたら1ヶ月のバイト代くらいになってしまう金額だ。こんな何百枚ものコピー代なんて、人生のなかで滅多に支払うことはあるまい、というかそんなに沢山のコピーをすることもあるまい。けれどなんてったって私たちは大家族、今回もビザの申請でパスポートやら身分証明書やらなんやらを総コピーしているのだ。そんなわけで昼間際の忙しいカルトリオ（役場）は、我が家のせいでにわかにコピー祭りとなった。

　明らかに仕事が嫌いそうなブラジル人たちは、昼間際に舞い込んだこの大仕事がけむったい。「ねぇちょっとこれ手伝ってくれない?」若い役場のお姉ちゃんが、ばつが悪そうに同僚に尋ねている。「え? なになに?」という感じで内容を確認する同僚が、次の瞬間微妙な顔をする。話している言葉は聞こえてこないが明らかに、「え? まじで? 何これ、コピー何百枚って何の仕事だよ?」と言わんばかりの含み笑い。おなじく微妙な苦笑いをするお姉ちゃんも、「まぁね、あの人たちなんだけどさ」って感じでちらっと私たちの方を見てる。「いやいやすみませんねぇ」という感じで一応私も苦笑い。

実は私たちはここブラジルに到着してから、このカルトリオに何度も足を運んでいる。外国で暮らし始めるには、数々の登録や認証や手続きを行わなくてはならない。身分を証明したりサインをしたり、子供が生まれても産んでも登録だ。それは日本でも変わらないかもしれないけれど、異国でこういう作業を進めていると、つくづく私たちって色んなことを登録管理されているんだなぁと思う。データになって保管されて認証されてって、「外国人ですよこの人は」と言われている感じがする。そうだ。たしかに私は外国人だ。初めて体験する外国人。今まで頭の中でしか知り得なかった国境というものが、私の身にひしひしと感じられる。世界は一つだ、地球は一つだ、といっても現実では世界はたくさんの国で仕切られ、区切られ、管理されているのだという気持ちがした。けれどどの国でも同じように、人間が営みを続けているのは変わらない。一体何が世界を分け隔てようとするのか……。

さて、苦笑いをしながらも、仕方なくカルトリオのお姉ちゃんたちは見事な手さばきでコピーにスタンプを押し、サインをし、大事そうなステッカーを貼る作業を進める。うら若きブラジル乙女と青年たちの華麗な演技が繰りひろげられる昼間際のカルトリオ。この、ガイドブックにものっていないブラジルの名物はなかなかの見応えである。

毎回こうやって登録をする度に、私たちは何か面白い物を見物する観客になることにしている。というのも、ともかくブラジルでは役所も銀行もスーパーも何をするにも時間がかかるのだ。人は沢山いるのに仕事が遅く、どう見てもみんな本気で仕事をしているように思えないから、牛のようにのんびりと事が運ぶ。けれど別にみんなそれに文句を言わないし、互いにそれを急がせようとも急ごうともしない。

ともかくそんなわけでみんなとにかく待っている。待たねばならない。ブラジルでは「待つ」ということが、「ご飯を食べる、歯をみがく、待つ、トイレにいく、待つ、仕事に向かう、待つ、買い物をする、待つ」と、日常の作業の一つに組み込まれているのではないかと思われるほどなのだ。それくらい実に自然に誰もがいつでもどこでも待っている。しかしそれにまだ慣れていない私たちは、ともかくあたりを見回して、暇つぶしに面白そうなことを探しているというわけだ。

そうこうしているうちに、気がつけば昼を回り開始から1時間半ほども過ぎ、魅惑のスタンプ押しも疲れの色が見えてきた頃ようやく作業は終了し、800レアルを支払って非常に重要なこの書類たちを受け取ることができた。

日本5冊、ドイツ1冊、ブラジル1冊の計7冊という実にバラエティ豊かなパスポートを携えてやって来る奇妙な家族。インターナショナルと言えばかっこいいが、実際は結構めんどくさい。やっぱり国境なんかなくなっちまえ！　もういっそ皆地球人ですってことにしちゃった方が、連帯感も責任感も出て地球の環境も良くなるんじゃないかという安易な考えが頭にちらついてしまう。でもいつかそんな日が来たりして……色んな意味で世界が一つになる日が待ち遠しい。

今や私たちが顔を見せる度に、「あ、また来たわよ。今日は誰がこの人たちの仕事に当たるのかしら。くすくす」という反応や、「あ～めんどくせ～な」というちょっと意地悪な態度を見せるカルトリオのお姉ちゃん、お兄ちゃんたちに鍛えられ、「私、言葉わかりませんから全然恥ずかしくないですよ～だ。とにかくやってちょうだいな」と、ひょうひょうとしながらなぜか必要以上に堂々としているという、あの外国人の特権的態度の使い方をマスターし、日々に活《い》かしている。そうこうしているうちに、カルトリオ通いも遠い記憶の彼方となり、今では穏やかなインターナショナル暮らしを送っている。

ブラジルの洗礼

ブラジルに着いた翌日、我が家の車は故障した。

よく外国では車が故障するとは聞いていたが、「なにも地球を半分回ってきた私たちの車が故障することないじゃないかぁ」と思ったが仕方がない。ブラジルでの暮らしはこうして始まった。

我が家は小高い山の上にある。大通りから脇道へ入ると、とても道路とは思えない赤土と砂利のぼこぼこの道につながる。その道こそ我が家へ続く一本道。妊婦にはかなりきついこのがたがた道は、坂の傾斜もかなりきつい。車がない妊婦の私は、家に閉じこもるしかない。車があったとしてもこの峠は妊婦は毎日通らない方がよさそうだ。けれどかわいそうに主人は早速大学に行かねばならず、水筒を持って峠を徒歩で越えることになった。ブラジルからはるばる日本まで私たちを迎えに来て、再びブラジルに戻ってきたばかり、地球を軽く一周したばかりにもかかわらず、徒歩通学でも文句を言わず我慢強い。さすがドイツ人の我がご主人セバリン君。

そんな苦労も知らず、子供たちはこの新居を満喫していた。新しい家族となった2匹の犬やコンドミニウにあるプール、広い庭や自分の部屋に興奮し、早速探検を始めてる。そんな素敵な環境を堪能する間もなく、私たち大人は近所の人に車を借りて、できるだけ長持ちしそうな食べ物を買い込んだ。まるで避難生活のような走り出し。実はこれがブラジルライフの幕開けだった。

でもここまで来たんだからちょっとやそっとじゃめげませんよ。それにここはブラジル、こっちだって覚悟してきたのだから、と心に言い聞かせ車が早く直るように祈る日々。そう、ここでは祈るしかない。だって言葉もままならないし、どこで車が直せるかもあまりよくわからないから、何もかも手探りでやるしかない。わずかな知り合いとつてを頼りに、あとは神様と運に任せ暮らす。

そんな私たち夫婦の合い言葉は「なるようになるさ」。それで本当にブラジルまで来ちゃって、実際なるようになって、気がつけば故障した車も直った。

はぁやれやれ、と思った次にはシャワーが出ない。早速「次なる敵があらわれた！」のである。これまた「そんな外国映画に出てくるホテルみたいなぁ〜」という気持ちで、お湯の出ない我が家のシャワーをあびる。真冬のブラジル、朝晩の気温5度ほどの家ではかなり厳しい。しかもこのシャワー、なぜか湯量もかなり少なくちょろちょろしか出ない、まるで貴重な湧き水のようである。便利な東京暮らしから素敵なドイツでの滞在を経て、いきなりお湯もろくに出ないブラジルでの暮らしに、子供たちは大ショックだった。しかしはじめは「え〜!? お風呂どうするの？」と文句を言っていた子供たちも、文句を言ってもはじまらないと悟ったのか、次第にこの少ない水でみんなが上手にあびられる工夫をし始めた。なかなかエコである。

とは言いつつも、やはり妊婦でこの気候で冷たいちょろちょろシャワーはきつい。なんとか直そうと主人が本気で取りかかることものの数分。子供たちが「あ。熱いシャワー出てる！」と叫んだ。こんなにすぐに直るならはじめからもっと真剣に取り組めばよかった、と思いつつも、日照り続きの村に恵みの雨が降った時のような歓喜。みんながシャワールームに集まる。本当に出てる。湯気がたってる！　でもいつそれが止まるかわからない。止まらないうちにこれを使わない手はない！「私、今シャワーあびる！」と一人が言う。「じゃ、ママも入っちゃう！」と大人げなく私まで。「え～俺たちも入りたい！」結局子供たち全員が裸になっている。シャワーはいよいよじゃんじゃん出て来る。どうやら止まる気配はない。「良し！　もうみんなで入っちゃお！」畳半畳ほどしかないシャワールームに臨月の妊婦を含めた人間５人が入る。まさに芋洗いとはこのことだ。もう中１になる長女もやけっぱちになって一緒に入ってる。ブラジルの真冬の狭いシャワールームにて裸祭り開催中である。その上お湯を出してくれた主人まで誘って、「こっちおいでよ！　もうみんなで入っちゃお！　いぇ～い！」と総勢６名で大喜びで熱々の気持ちいいシャワーをあびる。想像するとかなり怪しい光景だが、この時私たちは本気でシャワーの歓喜を分かち合っていた。どんな高級温泉よりも、この熱いシャワーが出ることがありがたくて嬉しくてたまらない。人生の中でこんなにシャワーをありがたいと思うことは、あとにも先にもないだろう。あんな不便な日々もすっかり忘れて、こんな幸せな瞬間を家族でシェアできて、私たちは幸せ者だと本気で思った。

こんな風にして、私たちはブラジルの洗礼を受けたのだった。この数々の不便は、私たちに日々当たり前にある幸せを再確認させ、謙虚になることを教えてくれる。車があってどこでも行けて、毎日熱いシャワーでお風呂に入れて、これ以上何も望むものはないとさえ思える。日本での暮らしなんて、もう半分魔法じゃないかと思われるこの頃なのだ。

病院

ブラジルに来て私は妊婦検診を受けることになった。
この国での出生を証明してもらう為には、妊娠中にここの医療機関で診察を受けなくてはならないのだ。

今回の妊娠では、主人からの提案もあり、日本では殆ど妊婦検診を受けていなかった。日本のような毎月の超音波検査はドイツではまれで、初期と中期、後期とだいたい3回しかしないという。超音波の害も海外では報告されているということもあって、5人目にして今回は殆どなにもせずなにも見ず、「元気だし5人目だしね」という、勘と経験を頼りに妊娠は経過していた。実際そんないい加減さと楽観がなければ、臨月で日本の裏側まで行っちゃおうとか、ブラジルで子供産んでみよっか、なんて気にはならないのだろう。

今考えると、我ながらなかなか無謀なことを思いついたなぁと思うのだけど、その時は本気でまぁなんとかなるさと思っていた。実家の母なんかは「あんた、大丈夫なの?」と心配していたが、結局ほぼ臨月で日本の裏側まで子供を4人つれて無事に到着したのを見て、「なんとかなるか」と思ったらしい。こんな風にして無事にやってきたのだから、ここはとことんブラジルで冒険をしてしまおうという訳で、いよいよここ一番の大冒険、出産の準備をすべく検診を受けることになった。

聞くところによると、この国の医療はあまり整っておらず、病院に行ってもめちゃくちゃ待たされるらしい。どんなに血を流していても待たされる、と聞かされていた。だからローカルの病院は嫌だなぁと思っていた。かといって、お金持ちと同じように個人病院に行っている余裕もない。ちょうどいいとこはないのかい！　と言いたくなるが、貧富の差の激しいブラジルでは貧乏クリニックか金持ち病院かの二択しかないらしい。という訳で、恐いもの見たさ半分、私はローカルブラジル人が行く貧乏クリニックを紹介してもらったのだった。

さて、地図を調べてみると。おや。どうも赤土の道をずんずん行ったところのとある村にあるらしい。既に怪しい匂いがぷんぷんする。グーグルマップで調べていざ出陣。行けども行けども続く赤土道を行くと、ありました。というか最初は通り過ぎました。だってまさかあれが病院とは！

土ぼこりの立つ信号もない広い道に現れた村の入り口。近くには田舎のスーパーマーケットがある。目の前には駐車場。その横に白いコンクリートの一階建ての建物がある。やたら天井が高い。どうもかつては車の修理場だったのではないかと見受けられる。「サウジ～ナンチャラ」と書かれているのが見えた。どうやらここが病院らしい。「クリニカ」といって、この地域の住人は誰でも無料で治療を受けられるという病院だ。そしてここここそが、私がこれから出産まで妊婦検診を受けねばならない病院である。

入り口には扉はない。「皆さん誰でもどうぞ」と言わんばかりの開放感である。そのせいか中に入ると、なんとのら犬がほっつき歩いているではないか！「Saia!　出ていけ！」と言われながらも、やや涼しい建物の中をうろちょろしたい犬は、入り口を行ったり来たり。これはかなりの常連さんと見受けられる。犬のくせに慣れたもんだ。内装はといえば、天井と壁こそあるものの、まるで青空病院。ベンチは色んなところから寄せ集めたらしく、どれもバラバラで年季が入っている。壁こそ白いが、どう見ても病院の為に作られた建物ではない。さすが無料診療所である。

さてドキドキして中に入ると、ベンチにびっしり座っているのはローカルのブラジル人ばかり。ブラジル人といえばドイツ系やイタリア系などヨーロッパ系の二世も多い中、無料のクリニカに来るのはローカルばかり。日系人の多いブラジルでも、ここには日本人は一人もいない。なので私と主人が中に入ると珍しそうに皆が注目した。受付のおばちゃんに話しかけようとするが、目が合うまではできるだけ無視したいようだった。ブラジル人は親切な人が多いが、仕事が絡むと急に不親切になるのが特徴だ。話しかけられたら最後、仕事が一つ増えるからである。なんと受付の電話が鳴り続けるのも無視してる始末。それでもしつこく「すみませ〜ん」と話しかけると、ようやく応じてくれた。しかし片言のポルトガル語ということもあって、おばちゃんは「あぁ。悪いけどね、あんたたちはここでは診《み》れないよ」とぺらぺらっとしゃべって追い返そうとした。

「うそでしょ？　だってちゃんと紹介してもらってアポイントとってるんだから！」

見え見えの嘘をつくのもブラジル人の得意ワザである。どうにも困ったので友人に駆けつけてもらってようやく中に入ることができた。これでなんとか第一関門突破。

さて、いざ診察となったが診察といっても体重を量って、腹囲を測るだけ。しかもいまどき分銅で体重を量ってくれる。診察台に横になろうとしたら長さが足りず膝から下は床におろした状態になる。妊婦にはかなり厳しい診察台である。日本から持ってきた母子手帳に適当に数字を書いて検診終了。次のアポイントをとると、机の上にあったねこちゃんの絵が描いてあるメモ帳に、何曜日、何時、と書いてくれた。かなり不安の残る予約である。しかも病院で使う大事な番号もそのねこちゃんの紙に書いてくれた。うっかりレシートと一緒に捨ててしまいそうで怖い。適当にもほどがある、と思いつつもこれでなんとかやってるんだからたいしたもんだなぁブラジルって国は、と変に感心してしまった。最後に受付に行くと、今度はおばちゃんはやけに優しくカルテを作ってくれる。一度仲間になってしまえば優しくしてくれる、まるでマフィアのようなブラジル人。そのおばちゃんったら診察カードを作ってくれたのだが、日本のような立派な物を想像してはいけない。出てきたのはただの紙切れ。しかもそれを定規でカットした。「なんと今時定規で紙を切断するとは⁉」懐かしいような驚きを隠しつつ見守ると、そのぺらぺらの紙がとても大事だからなくさないでねと言われた。どうやらブラジルでは大事な紙はいつもぺらぺららしい。これも捨てないように気をつけよう。

こうして無事に地元クリニカに仲間入りし、私は出産するまでの4週間ほどをここでお世話になることになった。

赤土のほこり立つ、とあるブラジルの村の、扉もない病院らしき場所でぼろぼろのベンチの待ち合い場に、ローカルブラジル人に交じって診察を待つ臨月の日本人。

「日本にいる家族が見たらびっくりするだろうなぁ。私は一体ここでどんな暮らしをしようとしているんだろう?」

という一抹の思いがよぎる反面、人生色んな経験してみるもんだなぁと、密かにほくそ笑みながら、赤ちゃんがやってくるその日を、このぼろぼろのベンチでブラジル人の熱い視線を浴びながら待ち続けるのだった。

いい加減といい塩梅

ある日スーパーマーケットに行ってキャンディーを買った。うちに帰って開けてみるとその中に二つほど空っぽの袋が。誰かが食べたのではない。明らかにはじめっからお留守である。そんなばかな！　マジックの種明かしを見る気分でまじまじと袋を見つめてみても、種も仕掛けもございません。正真正銘の空っぽだ。日本だったらまずこんなことはないだろう。けれどこのキャンディーそれだけじゃなかった。私はカプチーノフレーバーのキャンディーを買ったのに、なんとミルクキャンディーがいくつか交じっていた。これはファミリーパックか？　それとも大当たりなのか？　なぜこんなバラエティにとんだ一袋になったのか、ぜひともブラジルの工場にお尋ねしたいと思う。

けれどこんなことは序の口で、小麦粉を買えば袋の中に変な虫が入っていることだって普通にある。アイスキャンディーを買おうとすると、一度溶けたまま再度固まった物をよく見かける。それでどうやって食べるのさ？　と聞きたい。輸送技術が未発達なせいか、それともブラジル人が不注意なのか、ともかくブラジルのアイスキャンディーには要注意なのだ。またスーパーに行けば賞味期限がすっかり切れている物が普通にあるから、用心していないと既に腐った物を買ってしまうことになる。豆腐はあまり売れないらしいから、賞味期限切れのまま発酵し、パックがぱんぱんになってることもある。ナッツ類なんか30レアルもするのにカビが生えてふわふわしている。日本ではこれもあり得ないなぁと思う。

こんな風に何においてもブラジルは適当だ。車もまぁ動けばいいさ。買い物もまぁまぁできればいいさ。ちょっと腐っていてもあらごめんなさいね、ははは。という感じ。役所だって、警察だって、結構その日の気分で変わっちゃう。そんな風だから日本で暮らしていたみたいに、きっちりしてたらばかばかしくなる。郷に入っては郷に従え、の精神が、海外での暮らし方のこつかもしれない。

またある日は子供のクラスのバーベキューがあったのだが遅刻してしまった。10時からと言われていたのに、私たちの到着予定が11時頃だった。「あぁ、しまった！」とはらはらしながら現地に到着すると、誰もいない。何かの間違いかと思ったら、単に私たちが一番乗りだったのだ。1時間遅刻しても一番乗りって……ブラジルの適当さのレベルは、1時間遅刻でドキドキする必要はないのだった。にもかかわらず、警察等に登録の用事でアポイントメントを取ると、3分の遅刻も許されない。むしろ30分前行動でなければアポイントメントは取り消されると思った方がいい。このギャップやいかに。いよいよその境目がわからない。

極めつきは、学校の通学路にある牧場で野焼きしているところに遭遇した時のこと。結構道路ぎりぎりで燃やしている。その勢いったら、はじめは火事かと思ったほどで野焼きなんてレベルじゃないのだけど、こっちではそれが普通らしい。それにしても道ぎりぎりじゃ～んって思って帰り際にもう一度見るとやっぱり予感的中。牧場からはみ出た火で電柱が燃えちゃって倒れていた。日本なら大騒動だろうけど、別段誰も気にしていない。私としては、この倒れた電柱の電話線が使えなくなってる人は困ってるだろうなぁとか、いつ復旧するんだろうかとか、どこに連絡したらいいのかなぁと、人ごとながら心配になるのだが、地元の人は「あぁ倒れちゃった。また誰かに新しいの作ってもらおっか」みたいな気軽さだった。それでいいのかブラジルよ。

こんな風な適当さは、書ききれないほど毎日遭遇する。きっちり物事を進める。準備をする。物は大事になるべく壊れないように気をつける。人のことを考える、という細やかさはこの国ではあまり見られない。その分、おおらかでリラックスしているし、細かいことは考えないから楽ちんだ。不便だったり親切さがたりなかったりという困った部分だけ見れば、なんて住みにくい国なんだと思ってしまうだろう。でもこの国の美しい自然やリラックスした心地よい雰囲気は、それを補うだけの価値がある。

こんな風に外国で初めて出会った驚くべき適当さと、住み慣れた日本のやや行き過ぎた便利さとのコントラストを感じつつ、私たちは暮らしのいい塩梅《あんばい》を模索中である。

マンゴーマンゴー

ブラジルに来てまず最初に興奮したのは、マンゴーの木が至る所に生えていることだった。しかもマンゴーってやつは、実がざらんざらんと一枝にぶら下がるので、一本で何百個と実る。食い意地の張った私にとって、それは想像しただけでうはうはなのだった。

花が咲き終わってからというもの、道を行く度に、実がざらんざらんとなってるマンゴーの木を見るのは私の密かな楽しみで、「あ、あの道にもある！」「あ、あそこのはもうすぐ食べ頃！」などと、自分の家の木でもないくせに勝手に収穫を夢見ていた。

主人の通っている大学も例外ではない。マンゴーにココナッツ、枇杷《びわ》にアボカド、はたまたドリアンまで生えていて、もうここで暮らせるんじゃないかと思うほどなのだ。これまた勝手に収穫を夢見ながら大学を歩き回るのは、私の楽しみだった。そういえば子供の頃住んでいた社宅に柿の木や枇杷の木があって、よくおやつ代わりに穫っては食べていたのを思い出した。今でもその時の気持ちを覚えているからなのだろうか、食べられる実のなる木が身の回りにあるだけで、とても幸せな気持ちになるのだ。

ともあれ、これだけのフルーツ、ブラジル人も放っておく訳がない。彼らは私よりもよく見ていて、食べ頃の果物はどんどん収穫されていた。明日は食べ頃だ！　と思うや否やもう誰かに穫られている。これはもうめっちゃくやしい。

大学にはブラジル人ローカルの掃除のおばちゃんや若いお姉ちゃんたちがいっぱいいて、みんな掃除をしながら、ちゃんと収穫期を迎える果実に目を光らせているのだ。ブラジルでもマンゴーはスーパーで買うとやや高い。ただでマンゴー穫り放題、こんなチャンスおばちゃんたちが見逃す訳がない。ある時は果敢にもマンゴーの木に登るお姉さんがあり、またある時は拾いたてのマンゴーをかじりながらおばちゃんたちが木陰で一休みしていた。仕事帰りの3〜4人の男衆が、各々《おのおの》マンゴーの入ったビニール袋をぶら下げているのも見た。きっと子供たちへのお土産だろう。日本でいえばお父さんが「ケーキ買ってきたぞ！」という感じだろうか。子供の喜ぶ顔まで勝手に想像してしまう。もっとすごいことには大学のマンゴーを収穫して売っている人までいた。青いユニフォームを着たおじさんたちが、荷車を押してマンゴーの木を巡っているのだ。一見チームのような揃いの青い服を着ていて、「私たちは委託されてやっているんですよ、これはユニフォームですからね」とアピールしているのだが、よく見ると色だけ一緒であとはそれぞれ違う私服を着ている。この間抜けなところがたまらなくおかしい。まるで我が家の双子君並みの言い訳だ。とある日など、大学を車で走っていると、大きなマンゴーが転がってきた。あんまり立派な実だから拾って持って帰ろうと、桃太郎のおばあさんの心境で車から降りてマンゴーに近づくと、どこからかひしひしと熱い視線を感じる。よくよくあたりを見回すと、なんと大きなマンゴーの木の上の方に、黄色いTシャツを着たいい年をしたおっさんが登っていて、木陰から心配そうにマンゴーの行方を見つめていた。どうやらこのマンゴー、あのおっさんの物らしい。わざわざ車から降りる私も私だが、あの年で、しかも大学でわざわざあんな高いところまで木登りするとは⁉　伸ばした手を思わず引っ込めて車に戻ったのは言うまでもない。

ともあれ、そんな数々の競合に交じって、食いしん坊な私も穫れたてマンゴーをゲットしようと企んでいた訳なのである。

そしてとうとうマンゴーを収穫することができた。ブラジルで初めての穫れたてマンゴーだ。茎から捥《も》ぐとマンゴーの香りいっぱいのオイルがプシュッと噴き出す。肥料も農薬もやらないのに、勝手にお日様あびて雨をもらって、どんどこ実を付けて熟れていくマンゴーを見ると、自然って不思議だなぁ、すごいなぁと思わずにいられない。どうやってこの香り、この水分やオイルや果実をこの一本の木が生み出しているんだろう。こんなマンゴーがそこら中に実るのだから、ブラジルの大自然万歳だ。

まだ生暖かい捥ぎたてのマンゴーをかじると、生き生きとしたマンゴーの命が感じられる。そのおいしさはまるで全身に染み渡るようで、嗅覚や味覚だけでなく、プラーナのような目に見えない物の存在までもリアルに感じられる。そしてみるみる元気が湧いてくる。もうマンゴーだけあれば生きていける気がするほどだ。

高速道路と渋滞と

私の住む町からサンパウロまで車で1時間半。けれど何度行ってても1時間半では着かない。なぜかって？　それは恐ろしい渋滞が待ち受けているからです。

私の住んでる町には電車は走っていない。バスが走っているけど、タイムスケジュールはそんなに便利そうではない。ブラジルは国土が広いせいなのか交通網が整っていないので、個人的に車を持っていないとどこにも行けない。そうやって沢山の人が自家用車で仕事に向かうのだから、渋滞は免れない。まさかブラジルまで来て渋滞にあうなんて！　と思っていたけど、それだけじゃない。ここの渋滞は日本のよりハンパない。動かないと言ったら本当に動かない。

しかもここの高速がまた、とんでもないのだ。高速道路をすいすい走っていると、道の端っこを人が歩いてる。「！」めちゃ危ないじゃないですか〜どこから来たんですか〜？　と思っていると結構な数の人が高速道路脇の集落からやってくる。その集落ったらまるで高速道路が私道のごとく至近距離にある。危険や騒音を避ける為の垣根もなく、高速道路は普通道路のように扱われているらしく、子供たちが道路を見下ろしている。大丈夫なのか？　飛び出しちゃだめだよ、と心でつぶやく。大人たちはといえば、どうも高速道路を走る車に乗せてもらおうとしているようだ。ヒッチハイク？　まじっすか？　ブラジル！

そのまま暫く行くとやはり人。走る人。ここでランニングしなくてもいいじゃ〜ん。ブラジル人はトレーニングが好きなのさ。
そしてさらに暫く行くと、とうとう発見。よく日本で「動物注意」の鹿とかの看板ありますね、高速道路は人が横切るものだという証拠に、あれの人間バージョンがありました。そうか。ブラジルでは高速道路で横切る人間に注意なんですね。納得。

そうこうしているうちに出ました。渋滞。ここの渋滞は止まると言ったら止まる。ちょっとも動かない。しかも我が家の車はおんぼろでクーラーがきかない。というかクーラーをつけたら壊れる。窓を全開にしてなんとかやり過ごしても風が吹かない車内では1時間もすれば、しおれた花みたいに元気がなくなってくる。高級そうな車は、クーラーがんがんきかせて快適に過ごしている。「ちくしょううらやましいぜぃ！」と心の中で叫ぶ。ブラジルでは私たち日本人はただでさえ目立つ。その上高級そうな車に乗っていたら（といっても普通の車でもきれいだと金持ちに見えてしまう）危ないから、この赤土まみれのおんぼろ車くらいがちょうどいいのさと思っていたが、この時ばかりはクーラー付きの車がうらやましかった。

おなかもすいてくる。のども渇く。ところがどっこいその点では我が家は準備万端。水筒もおやつもたっぷり持って車に乗っているから安心だ。おんぼろ車で窓全開でぎゅうぎゅうの車内で汗を垂らしながら、今度はおなかをすかせていそうな金持ちブラジル人を横目に、水筒やおやつを取り出して食べる。しばしの優越に浸っていたのも束《つか》の間。なんと！　渋滞中の高速道路に突如真夏の甲子園でビールを売るおじさんのように、はたまた新幹線の車内販売のように、どこからともなく冷え冷えの水やスナックを売る人が登場した。しかもどうやらこの売り子さんたちはファミリーで商売をしているようで、お父さんが水を持って、子供たちが窓ごしに「いかがっすか〜?」と声をかけている。なんというチームワーク！　この家族ただ者ではない。そしてこの果てしない渋滞に冷え冷えの水。なんとタイムリーな！　この人たちかなりの商売上手と見受けられる。が、しかし渋滞中とは言え、ここは高速道路。しかも渋滞しているから急に車は入ってこられないはず。一体この人たちはどこからやってきて、いつからここにいるのだろう?　渋滞を予想して冷え冷えの水をスタンバっていたのだろうか?　いつから?　どこから?　どうやって?　数々の謎を抱えたままブラジルの渋滞は続く。

DIÁRIO 2

2014.1-5

2014,JANEIRO

あけましておめでとうございます

あけましておめでとうございます！

みなさんどんなお正月を過ごしたのでしょうか？　おせちはおいしかった？　こたつでみかん食べました？　あぁ日本のお正月ってよかったなぁと既に懐かしさでいっぱいです。

さて、ここブラジルでは夏休み気分が続いております。年末年始といえば例年はおせち作りですが、今年はおせちのかわりにいろんな物を作っていました。

まずはぬか漬け。実はブラジルに持っていく物をリストアップしてる時に、マストアイテムと考えていた精米機。きっと米はあるから糠をとって糠床を仕込めばおいしい漬け物がいつでも食べられるはず！　と企んでいたのです。

無事にデメテール認証のついた、バイオダイナミックの玄米を手に入れることができるようになりました。分つき米にして食べる度に糠をジップロックに入れて冷凍し続けてはや4ヶ月。地道な貯金ならぬ貯糠、が積もり積もってとうとう2キロほどになり、準備万端。季節も夏になり発酵も進みやすいし！　ということで糠床を仕込んだのは年末。もう既にいい香りがしています。

ちょっと残念なのは糠床を入れる容器。持ってきた琺瑯《ほうろう》のタッパーの中でも一番大きいので作っておりますが、やっぱり土のカメで漬けたかったなぁ。ブラジルにはそういう容器はなかなか売ってなくて、プラスチック製品ばかりだから……。ともあれ。あぁ懐かしのぬか漬け。とてもエキサイティングな年末でした。

そして、夏の飲み物を作るべく、定番の酵素ジュースを仕込みました。今回はレモンの酵素ジュース。ライムの時は炭酸で割るとまるでファンタのような味になったけど、レモンはちょっとビターな感じがとてもいい!! 大人味です(子供も飲める苦みだけど)。これにはジンが合うよなぁ〜、なんて夫婦で話しています。残念ながら私はまだ暫くお酒はお預けだけど。

作り方は至って簡単。できれば無農薬のレモンの皮をピーラーでむく。もちろんこの皮は、細く刻んで冷凍してレモンケーキや魚のトマト煮に加えたりして再利用。そのあと中の白い皮も包丁で剝き取ります。これが苦いんだよね。あとはスライスして、広口の入れ物にレモンと同量の白砂糖を重ねるように加えて、ガーゼで蓋《ふた》をして一日2回ほどかき混ぜる。砂糖が全部溶けて、果実が浮き、少々気泡が出てシロップがさらさらと水のようになったら、ザルで液をこして冷蔵庫で保存する。普通は砂糖の割合が果実の1・1倍なんだけど経験上レモンやライム、金柑等の柑橘《かんきつ》は水分が少ないので0・6倍から1倍でも大丈夫だった。という訳で是非お試しあれ!

そして極めつきは、マンゴーチャツネ。引っ越してきた時から狙っていたマンゴー。嬉しいことにここではマンゴーがどこでも生えている。シーズンを迎え始めた今では、コンドミニウに生えているマンゴーを、毎日10個くらい拾ってくるので冷蔵庫に山ほどあるのです。それをピュレにしてアイスキャンディーにしたり、マンゴープリンを作ったり、スムージーにしたり。そしてまだ青いグリーンマンゴーで、マンゴーチャツネを作っちゃいました。

ブラジルに来て最も興奮したのは、マンゴーの木が街路樹になってること！　近所にも大学にもぼんぼん生えてる。なんと！　マンゴー祭りじゃないですか！

そんな訳で、まるでさるかに合戦のかにさんみたいに、「早《はよ》う実をならせマンゴーの木、ならさんとはさみでちょんぎるぞ」ってな気分で（自分ちの木じゃないくせに）マンゴーの木を見守り、ここでの私の会話と言えばもっぱら、

「あぁ、あのマンゴーのあった通りね」

「あ、あれマンゴーの木じゃない？　あ、あそこにもマンゴーだ！」

とまるで「今日もいい天気だね」という挨拶のごとくマンゴー中心になっているほど。それにはさすがに主人も、「え〜と、それ本気？」と聞いてくるほど。子供たちにも「ママまたマンゴー？」と言われるほど。

それでもいいのさ。だって楽しみだったんだも〜ん。

それだけ思い入れのあったマンゴーを堪能すべく、年末は心静かに……いやいや煩悩だらけで、夫婦でマンゴーチャツネを仕込みました。

こんな煩悩だらけの年末ではありましたが、おせちも作らなかった年末ではありますが。元日にはちゃんと早起きをして、大事にとっておいた玄米餅を焼きまして。久しぶりに青菜など茹でまして。人参に飾り包丁を入れまして。えぇ、もちろん、年末には包丁だって研いでおります（でも主人がやってくれたの）。お雑煮の香りを漂わせ、起きて来るみんなを待ち受けて、漆《うるし》のお椀でお雑煮を食べてお正月を迎えましたよ。

よく切れる包丁で心を鎮めて青菜を刻む。まな板と包丁のあるありがたさ。

油を使わないクリアなお出汁に玄米のお餅。出汁のある台所の豊かさよ。

あぁ日本にはなんとすばらしい食文化があるのでしょう。

身も心も透き通るようなお雑煮を食べて、今年も一年健やかであるようにと願った元旦。

皆さんにもどうぞ良い年となりますように。

食べること

気がつけば坊やはもう4ヶ月になります。

最近は食事をするにも私が抱っこして一緒のテーブルに座って、私たちが食べるのをよだれをたらして見つめてる。時には口をもぐもぐさせて、箸で運ばれる食べ物を目で追いかける。その様子の可愛いこと。真剣なこと。

離乳食っていつから始めるんだっけ？ と今はちょっと忘れかけてる記憶を呼び起こしています。

こんな風にして、周りにあることを吸収しながら、興味を示しながら、少しずつ生きること、食べることを身につけていくんだなぁと、赤ちゃんを見ながら改めて気がついています。

食べさせてもらうのでなく、食べさせられるのでなく。必要な時が来たら、時が満ちたらそれを自分で分かって、自分の手で自分の食べ物を食べる。そういう離乳食の進め方をしたいなと思ってる。そうやって自分の内側を感じながら、外側の世界と結びついていってほしいなって。

そんなふうに、今は赤ちゃんが食べ始める時を待ちながら、「食べる」ということについてあらためて思いを馳せています。

ともあれ、今は口に何でも入れたい坊や。自分の手を入れたり、よだれかけをむしゃむしゃしたり。私のTシャツはいつも坊やのよだれまみれです。

そんな訳で今はドイツの両親からいただいたおもちゃが大活躍。植物の根っこがついたおしゃぶりおもちゃ。時々熱湯に浸けて消毒すれば清潔に使える。口に入れて食べちゃっても根っこだから大丈夫。そんな自然素材のおもちゃ。とても気に入っています。

ぬか漬け in Brazil

念願のぬか漬けができた！

ブラジルに来て絶対作りたかったぬか漬け。糠床を仕込んでまだほんの2週間ほどですが驚くほどおいしいぬか漬けがもうできた!! これには驚き。

真夏で気温は高いけど、朝晩は涼しいからか？家が石でできてるからか？ 自然が強くて、空気がきれいだからか？

とにかく。とてもとてもおいしいのです。日本では雑菌が増えやすかったし、こんなにうまくできなかったなぁ。

ありがたいことにブラジルには大根もごぼうもある。日本のキュウリもある。最近の定番は、大根と人参に季節の野菜を漬けて。

ある日庭に勝手に生えてきた、いがいがの緑の野菜。へんちくりんな名前のブラジルの野菜らしい。食べられそうだね～って、収穫して食べてみたら、ちょっと酸っぱいキュウリみたいな感じだった。そのあと、オーガニックマーケットでも見かけて食べ方を聞いたら、生でも食べられるとのこと。

やはり！　これはぬか漬けにむいてるのでは!?と漬けてみたら、これまた大ヒット。というわけで、庭のとれ立てを毎日漬けてます。ありがたや。めちゃくちゃおいしいぬか漬けに、出汁のきいた味噌汁と分つきの御飯。もうこれさえあればなにもいらないね！　と実はとっても素食な夕飯が我が家の最近の定番なのです。

あぁ、ぬか漬け万歳。発酵食よありがとう……。

ブラジルの嵐！

昨日恐ろしい嵐が来た。しかも何の前触れもなく来た。

午後、子供たちはコンドミニウでかけまわり、プールにはリラックスしてるお隣夫婦がいた。いつもの午後だ。でも遠くの空が怪しい雲行きだったから、またいつもの夕立だろうと思ってた。とはいえ、ここの夕立はかなり激しく降るから洗濯物を慌てて取り込んでると、雷が鳴り始めた。

まぁそれもいつものことだけど、やはりかなり強い雷だし、結構落ちるから、外で遊んでる子供たちを中に入れようと思った矢先。風も強くなった。あれ？　今日はちょっといつもより強いかな、と思うや否や、飼い犬が雷と風に怯《おび》えてパニックになり家に入ろうとするのを、主人と長女が玄関のドアの前で防いでいた。

と思った時には、既に屋根が破ける程の雨と風。初めはまぁいつもの、と思ったが様子が違う。外は赤土色になり、横なぐりの雨と一緒に木も横になびいてる、本当に真横だ。

そして玄関前から、わー！　という声。家の窓やドアの隙間中から雨が入りこみ、リビングは浸水。窓の外はもはや泥水の中のように何も見えない。ただ雷と雨と稲妻の光があった。ばきばきという音やガチャガチャと物が壊れる音がする。

これ、やばくない？　まるで竜巻の真っ只中にいるみたい。

電気は勿論《もちろん》切れた。身の危険を感じ、犬と一緒に主人と長女もうちに入ったけど、もうビチョビチョだ。外は洗車の機械の中のような雨らしい。

二人がうちに入るや否やばきばきと音がした。多分何かでかいものが飛んだんだ。ビチョビチョな家の中で、犬もパニックでうろちょろし、さっきまで嵐見物を楽しんでいた子供も、さすがに緊急事態と思ったのかもう笑い顔は見えない。

実はその前日にも強い風が吹き停電したから、ロウソクや懐中電灯の準備はばっちりだった。だから私は夕飯の天ぷらを作り続けていたら、長女に「こういう時には火を消さないといけないと習わなかったの？」と叱られた。

嵐は一時間程続き、ややおさまってから外を見たら、楽しみにしてた我が家のバナナの木が全部折れてた。パパイヤも傾き、近所の赤土道には折れた木が倒れている。衝撃的だったのは、我が家の倉庫と車置き場の屋根が飛び、フェンスに突き刺さっていたことだ。

多分あのばきばきという音は、屋根が吹き飛ばされた音だったんだろう。これは夕立レベルじゃなく、夕台風とでもいうのか。日本ならこのレベルの風雨が予報されたら避難勧告だよな。こんな強い嵐があんな穏やかだった午後にいきなり、「ちょっと寄ってみましたの」といった具合にやってくるなんて、ブラジルの大自然は本当に圧巻だ。

まぁ、それでも無事に、暗がりの中で天ぷらを食べて寝た昨晩。

今朝、めちゃくちゃになったリビングを片付け、インターネットを使いに大学に行くと、町中大変なことになっていた。めちゃくちゃでかい木が沢山折れて道を塞《ふさ》いだりしてるし、いやーすごいな。祭りの後だな。子供たちは折れた大きな木の枝で基地作りに興じている……いいな、子供は。

さて、私たち大人はこれからやること沢山だよ。電気はいつ復旧するのかな。電話もインターネットもないからね。ガスが使えて太陽光のお湯が出てくれて、それだけでもありがたいなぁと思ってる。

自然の力の前では私たちの文明は、なんとか弱く頼りないものかと実感した昨晩。私たちの暮らしは、文明の上以前に、大自然の手のひらにあることをもう一度心に刻もう。

2014.FEVEREIRO

夏休みが終わる

毎日暑いブラジルです。こんな暑いと味噌汁より酵素ジュースの方がおいしいなぁ。とはいえ、やっぱり味噌汁も元気が出るなぁ。などと献立を考えながら過ごしております。

なんせ、朝、昼、晩ご飯、そのうえおやつを一日2回。いや、下手するとおやつ3回とかもあり。だって夏休みなんだもん！

いやぁ、夏休みが楽しいやら恐ろしいやらというのは、ブラジルでも変わりませんなぁ……。はじめのうちはそれも楽しいけど、数週間すると行き詰まりますよねぇやっぱり。

間にお正月があったり、クリスマスもあったりで、なんとかごまかしながら過ごしましたけど。この夏は旅行にも行かず、ひたすらコンドミニウの中で家族でみっちり過ごしたので、もう結構お腹いっぱいな感じであります。子供たちからも、「あぁ学校行きた〜い」って言う声がちらほら聞かれるようになった今日この頃。いよいよ今日で夏休みが終了します！

ひゃ〜、よかったぁ〜と胸をなで下ろす気持ち半分。早起きせねば！　とふんどしを締め直す気持ち半分。この雰囲気も日本と変わりませんね。

夏休みって不思議だね。はじめは楽しいけど、最後には何となく物悲しいというか……。

子供たちも一回り大きくなった感じがするのも日本と一緒。真っ黒に焼けた子供たち。まぁどこにも行かなくても焼けちゃうんだけどね。

最近のブームといえば意外かもしれませんが、「ドラゴンボール」でしょうか（今更？　でも結構面白いの、昔のものが特にね！）。日本と同じくここでもテレビはもってないし、静かな生活をしているので、時々ナイトムービーと称して「ドラゴンボール」を鑑賞しているのです。

アニメってシュタイナー教育ではいいの？　と聞かれそうですが、ここでは良心的なアニメなどちょっと見て、外で元気に遊んで、手仕事をしたり、楽器を楽しんだり、そうやってバランスよく暮らせば何でもいいなぁと思うのです。

食事についても日本にいる時よりもっとおおらかになりました。といってもバランスを崩してでたらめしてるってことでなくて、枠を取っ払って、自分たちに必要なものが分かってきたというか、変化に柔軟になったというか。

それもひとえに、ここブラジルという国に来て、当たり前の壁をぶちこわし、新しい環境で気持ちよく生きていくために自分たちに必要なことを、頭でなく心や感覚で見つけることができるからだと思ってます。

お引っ越しをしたり、海外に住んだり、急に生活が変わったり、仕事が変わったり。

人生にやってくる変化は人それぞれだけど、人生が変化する度に、何かを作り替え、何かを手放し何かを壊し、何かを生み出し、そのなかでも変わらぬ何かを見つけ出し。そんなことをするのかなぁと思うのです。

節分と新学期

今日からブラジルでは新学期。夏休み中怠けて朝はお寝坊ばかりだった私は、ドキドキしすぎて目覚ましが鳴ったと錯覚し、一時間も早く起きて台所に立っていた。しかも気がついたのは30分後。

台所の時計を見ると？　まだ4時30分だよ？　あれれ？　5時頃起きたはずだけど……。あわててインターネットを繋いでブラジルのサマータイムを調べたけれどやはり、まだタイムチェンジはしていない。

あはは。やったね、一時間得しちゃった。

ついでにインターネットをのぞくと、おや！　今日は節分ではありませぬか！

ブラジルに来てからすっかり季節感や時間の感覚がおかしくなっていて、しかも夏休み中ずっと今日が何曜日かを考えずに暮らしていたもので、なんだかぴんと来ないけど、節分は節分だもん。

節分と言えば豆まきに、恵方巻き！　と思いたち、長女の弁当は急遽のり巻きに。そして朝ご飯も、御飯と味噌汁、ぬか漬け、を変更いたしまして、本日は恵方巻きとなりました。

急だったので、中身は卵焼き、ぬか漬けの大根、人参、きゅうり、紫蘇《しそ》の醤油漬け、いりごま、ゆかりふりかけの七種。

新学期の興奮から早起きしてきた子供たち。まだ暗い台所で、朝一番に家にあかりをつけるように、毎日家族みんなに元気を送り込むのはお母さんの仕事だけど、時々それがとても大変な大仕事に思えて苦しい日もある。でもこうやって、今日という日が楽しみでしょうがない子供たちがいてくれることで、私は随分と救われている気がする。

「今日は寝れなかったよ～」という双子君。

いえいえ、ぐっすり寝てました。でも気分は寝れなかったらしい。ほんとに子供が元気なのは一番ありがたいことです。

一緒に外に出てみると、なんとすばらしい朝焼け。

「お～い、みんなみんな、すごいきれいだよ！見てみて！」

家族皆できれいな朝焼けを見て、なんだかとてもいい一日になりそうだ。ついでに今日は節分で、恵方巻きもあるんだよ！

「恵方巻き！　あの、食べ終わるまでしゃべっちゃいけないやつね！」

長女は幼稚園で出会ったこの行事が、今でもしっかり心に焼き付いている。毎年無言で太い恵方巻きにかぶりつく。恵方まで調べる。でも必ず誰かがぽろっと「あ、おいし」とか言っちゃう。

それでも何でも今年も無言で食べます。恵方も調べましたよ。東北東。ってどっちなの？　ブラジルでも東北東でいいの？　様々な物議をかもしながらも、とにかくどっかみんなで同じ方向をむいてかぶりつこう！　ってことになりまして、それじゃせっかくだから、今日は外で食べよう！　ってことになりまして、朝焼け見ながらまるかぶり寿司を食べました。

「今年は絶対しゃべらないようにね！」

「じゃ、のり巻き配るよ」

と張り切る長女。ここまではよかったのですが、のり巻きをもらった側から、ついついかぶりついてしまった子供がおりまして。お姉ちゃん激怒。

「ちょっと！　なんでみんな来るまで待たないのよ！」

そんな一悶着《ひともんちゃく》ありつつも、おいしく頂きました。やっぱりいいですね、季節の行事って。

そんなこんなで気持ちよく朝食をとっていたのも束の間、気がつけばもうこんな時間！　さぁさぁ車に乗り込んで。久しぶりに子供たち全員を詰め込んだ我が家のぼろぼろセダン。土ぼこりをかぶって見えなくなってるフロントに水をかけてワイパーでこすったら、余計見えなくなった我が家の愛すべき車。5人乗りのところ、ぎゅうぎゅうに乗って。どう見てもローカルブラジル人の家庭です。がんばれぽんこつ車！

久しぶりの通学路にもお楽しみがいっぱい。近所の赤土の道を走っていると、おじさんが道の両脇に広がる果てしない牧草の中の道無き道をひとりでずんずん進んでいく。まるで樹海に入り込む旅人のようにどこからともなくやってきて、どこかへ消えていく謎のおじさん。

「あの人、どこに行くのかなぁ」

「草ぼうぼうなのに迷わないのかなぁ」

みんなで謎を抱えたまま暫く走ると、今度はやたら車に絡んで来る番犬を飼う家の前を通過。やはり今日も車に向かって突進。

「そんなに近づくとほんとにひかれるよ〜」と心配。

あぁ、いつものこの風景。

そしてまた暫く行くと、同じく絡んで来る番犬に子供が生まれたらしく、ちっちゃいわんちゃんが今まさに番犬トレーニング中の様子に一同感激。

「かわいいね〜、あの犬もまた車追いかけるようになるんだねぇ〜」

いいやらわるいやら。ともあれブラジルの番犬はとても優秀なのである。

そうこうしてると、もうそろそろいい時間。ちょっと急ごうか、と思っていると出た〜! 牛の大群。

「す〜み〜ま〜せ〜ん〜、私たち急いでま〜す!」と言いたいところだが、まぁしょうがない。そう。この国ではいちいちハラハラドキドキしててはつまらない。

「あぁそうですか。じゃ、待ってま〜す」

ケセラセラの精神がとても大切なのだ。

車で学校に行くだけで毎日がアドベンチャーなブラジル。気分的にはドラゴンクエストの「敵が現れた!」の雰囲気で、犬やら牛やらが車の前に立ちはだかる。恐るべし通学路! でもちょっと楽しい。

ともあれ無事に学校に到着し、それぞれ新しい教室に向かう。今日からまた新しい一年が始まる。教室まで子供たちを送り届けて、うちに帰る。いつもの毎日が始まった。

昼になって子供たちが帰ってきた。おや。今日は一人多くない?

そうです。お弁当があるはずの長女がいたのです。なぜって? まだ今週はお弁当がないからで～す! たはは。朝4時に起きて作ったんだけどねぇ。

サザエさんみたいにとんちんかんをしてしまった新学期初日。今年度も無事に過ごせますようにと節分に願いを託そう……。

みーくん

今年9歳になる我が家のみーくん。先日、足の小指をぶつけたみーくん。

「あ、あのすっごい痛いんだけど、指をぶつけたの」と言ってきた。

「へぇ、何指? ちょっと見せてみ」と言うと、

「え～、このこやゆび」。

!? こやゆび?

「こやゆびが、かくっとなってるところにが～んとぶつかって、じんじんして……」

かくっとなってる? が～ん? じんじん……。おい! 擬音語ばっかりじゃないかい!

「え～と、こやゆびじゃなくて、小指でしょ。親指じゃないでしょ」

と冷静に質問すると、「あは。そうだった」と笑顔で答えるみーくん。

そろそろ日本語も危うくなってきたのか、かぁさんは心配だ。

さっきも、昼食後に話をしていたら。

長女「私リンゴジュース飲むと気持ち悪くなるんだよね〜」

みーくん「あ。俺も！」

私「あ、そうだね。二人とも陽性体質だからね（マクロビオティック的な会話であります）」

みーくん「え？　妖精!?」

と言うや否や、キラキラの笑顔で両手をぱたぱたさせている。気分はすっかりフェアリーテイルさ！

その笑顔に長女と爆笑。妖精のわけないだろ！　どっちかというと君は小悪魔じゃい！　とつっこみつつ。

その後もみーくんの暴走は続き。食後のアイスキャンディーを片手にリンゴも片手に持ってるみーくん。「ねぇ、ママちょっとこのアイスキャンディー冷凍庫にしまってきて」

めんどくさかった私は、「え〜、今足がかゆいからやだ」（どないな言い訳じゃい）と言うと、「じゃ、あとで足掻《か》いてあげるから冷凍庫に持っていって〜」だと。

いやいや。足は自分で掻けますから。親子共々わけのわからない言い訳をしつつ。

そんなみーくんも今ではすっかりお兄さんになりまして……。とある早朝、泣いてる赤ちゃんを子守りしてくれるとのこと。「ママの抱っこひも俺も使ってみたい」ってことだったので抱っこひもを使って。

「じゃ、ちょっとお願い」と任せると、嬉しそうにテーブルの周りを歩きながら子守唄歌ってる。「お、なかなかいい感じじゃないの」と思って見てると、しばらくしてもずっとテーブルの周りを歩いてる。

お陰でどうやら赤ちゃんは寝てしまったのだけど、赤ちゃんを寝かせるや否や、「あ〜テーブル回りすぎて目が回って気持ち悪い」とみーくん。回りすぎにご注意願いま〜す……。

数々のおもしろネタを振りまいてくれる子供たち。

毎日はこんな風に過ぎてゆきます。

誕生日

先日35歳の誕生日を迎えた。

今や自分の誕生日などどうでも良いと思ってしまうのだけど、子供たちは誕生日を楽しみにしている。だって、誰の誕生日でもおいしいケーキが食べられるし、楽しいことが待ってるから。

双子君なんて、「あ、今日ママの誕生日だ！おれ、チョコケーキにして〜」と……。おい！誕生日は私だっちゅうの！　とつっこみたくなるのですが、まぁこうして皆でおいしい物食べるというのもいいもんですね。

さて、なにも期待していなかったのですが、主人は張り切って前日から「ケーキを作る！」と言ってくれて。さすがはドイツ人、色んなケーキを知ってるもんですね。ドイツ語でなんちゃらとかいう（覚えてない）山の人のケーキみたいな意味のケーキを作ってくれました。材料を揃えるのが難しいブラジルで一生懸命作ってくれたケーキ。ヘーゼルナッツを砕いてパウダーにしたものがたっぷり入った、本当に山男が食べるんだろうなぁというケーキ。こっちではふわふわへんちくりんチョコたっぷりの、めちゃくちゃ甘いケーキしかないから、こういう正統派のケーキはとても嬉しい。ドイツにはこういう素敵なケーキのレシピがたくさんあるらしいから、これは毎年違う物を作っていただこうと企んでいるのであります。

ケーキの上には甘酸っぱいクランベリージャムをたっぷり塗るのですが、それはここでは売ってないので桑の実のジャムを代わりに塗りました。日本とおなじように桑の実がここにも沢山あるからね。それに今日は特別、フレッシュクリームのホイップをたっぷりと。

あぁ、思い出してもよだれが出るケーキです。そして、プレゼントは前から欲しかったパスタマシーン！

ブラジルには中華麺がないから、パスタマシーンで中華麺を作って冷やし中華作ろうねって話してたのをちゃんと覚えててくれたんだ。めっちゃうれしい〜。

早速作ろう作ろうってことでもちろん、お姉ちゃんたちも張り切って大参加！ そんな訳で今年の誕生日最大のイベントは手作り冷やし中華でありました。日本から持ってきたとっておきの紅しょうがも添えちゃうよ。今日は特別ですからね。

あぁ、おいしかった〜。今年も良い年となりそう。

極めつきは、長女から詩のプレゼント。以前、学校の授業で作った詩だ。タイトルは「春の命」。

私の再婚や引っ越しの予定とか、いろいろあったから複雑な気持ちがあっただろうその時の長女。でも彼女の命の強さ、素直さを感じさせる素敵な詩が書かれていた。

詩の紙の横には付箋《ふせん》がついていた。そこにはどうしてこの詩を書いたのか？ という質問があった。

「私がこの詩を書いた理由は……」というところ

で、なにも書かないまま文章は途切れていた。

「ねぇ、『私がこの詩を書いた理由』ってなんだったの？」と聞いてみた。すると、「ちょっと待ってて」と言って何かを書き始めた。手渡されたメモをみると、続きが書かれていた。

「私がこの詩を書いた理由は、お母さんの誕生日にプレゼントするためです」

「春の命」は死なない。

柔らかく、しなやかで、生まれたての命はこれからどんな季節を過ごし、大きくなるのだろう。

素敵なプレゼントをもらった今年の誕生日。

沢山の命と共に生きていこう。

休日

朝晩は秋風を感じるような今日この頃だけど、まだまだ日中のお日様は強く、プールで遊ぶのは気持ちいい。

週末は学校のお友達の家に家族で遊びに行った。この家族は女の子三人姉妹で、7年生のお姉ちゃんを筆頭に5年生、3年生と全員がうちの子供たちと同じクラス。こういう家族はとてもありがたい！

お土産にアップルパイを焼いて、ボロ車でレッツゴー。行ってみると同じコンドミニウに住む他のクラスメイトも集まっていて、皆で遊ぶことに。

総勢11人の子供たちが、大きい子も小さい子もみんなで遊ぶ。思いっきり遊んでる。なんかいい気分（半分くらいはうちの子だけどね）。

子供が遊ぶ傍らで私たち大人は、子供時代を思いっきり楽しんでほしいねってしゃべりながら、嬉しそうに眺めてる。

だって、今は今だけなんだから。この瞬間に思いっきりみんなといっぱい遊んでほしいねって。

言葉を超えて、国を超えて、人種も超えて、皆で見守る子供たち。

ここブラジルでもそうやって子供たちが幸せに生きていくのを見守り、育てる親たちがいる。我が子だけでなく子供たちをみんなで囲んであげられる場所がある。

とても幸せな気分になった週末でした。

ちなみにお陰で子供たちはぐったり疲れて、いっぱい食べてよく寝ましたとさ。

2014.MARÇO

誕生日パーティー

先日双子の誕生会をやりました。

ブラジルでは誕生日パーティーが結構盛大。大勢呼んで大人も子供も集まってお祝いします。我が家も双子のお友達を呼んでパーティーしました。こちらで初のパーティー。どきどき。

メニューはリクエスト通り、フェジャンオ（豆の煮込み料理。フェジョアーダ、フェジョンとも呼ぶ）、サラダにひよこ豆のファラフェル風揚げ物。やっぱり郷に入っては郷に従え、というわけでブラジル料理の定番的な物を作りました。一応みんな食べてくれて一安心。

そのあとは風船でボール作りのワークショップ

等をやって、みんなにお土産に持って帰ってもらいます。風船の中に粉をいれて何枚か風船をかぶせて作るボール。これがみんなに大人気。部屋中粉まみれになりながらもみんなでわいわい。ブラジルに来て半年。親の心配をよそにみんなに仲良くしてもらって、パーティーにもたくさん来てくれて、ありがたい限りです。

誕生日ケーキはリクエストどおり、地元のケーキ屋さんに注文したでっかいチョコレートケーキ！　こちらも郷に入っては郷に従えです。

こっちではケーキを買う時に1個2個ではなく、重さで買います。という訳で30人ほどが食べられる3キロのケーキを購入。それでもぺろっとなくなって、気持ちがいいくらいです。

最後はブラジルのバースデーソングを皆で歌って。

何度か友達の誕生日にも招かれているので、子供たちにもすっかりブラジルのバースデーソングが定着していました。今日はいよいよ自分のために皆が歌ってくれる！　その嬉しさはひとしおのようで。

こうしてすっかりブラジルの空気になじんで、しっかりブラジルの音を吸い込んで、ブラジルで迎えた初めての誕生日を皆と一緒に過ごしました。私にとっても心に残る、双子9歳のバースデー。

音と世界と

ブラジルに来てから半年が過ぎました。子供たちのなかには徐々にブラジルの音が流れ始めています。

音って不思議ですね。我が家では日本語が中心ですが、主人はドイツ語で赤ちゃんと話していますし、子供たちが学校でドイツ語の歌を沢山覚えてくるのでドイツ語の歌も聞こえます。家の周りはみんなポルトガル語なのでポルトガル語ももちろん。そして困った時には英語もやはり役立ちますし、主人の友人が来れば、インドの人でもイギリスの人でもみんな英語で会話をするので、英語の音もよく聞こえてきます。

我が家の子供たちにとって第二外国語はポルトガル語。最近ではうっかりした時の返事が日本語でなくポルトガル語になっているのを見ると、なんだか不思議な気がします。

ほんの数ヶ月前までは異国、異文化、外国語だったこの音が、このリズムが、この振動が、体の細胞にちょっとずつしみ込んであふれて出て来る。最初からあった日本語という水を蓄えた器に、少しずつポルトガル語という音のしずくが加わって、ちょっとずつ混ざって、いつしか器からあふれてくるように、自然に時とともに。もちろん、まだまだ発展途中でありますが、確かにゆっくりと音が変わってきている。

外国語を体験する時、私たちの感覚のどこかがリフレッシュされている気がします。もしかすると、リフレッシュでさえなくて、まだ閉ざされていた新しい感覚の扉を開こうとしていると言った方が正しいかもしれません。

私たちにはまだまだいろんな扉があって、ただ気がつかないままその能力を閉ざしているのかもしれないと感じるのです。

それはヨガの練習からも学んだことだったなぁと思い返しています。カチカチの固い体が、いつしか花開くように柔らかさと強さを取り戻していく。まさかこんなことは出来まい、と思っていたそのマインドを壊すように、しっかりとした練習は徐々に確かに新たな世界を、可能性を見せてくれました。

この言葉という音の世界も、もしかするとそういうことかもしれません。赤ちゃんに戻った気持ちで、全ての音を雰囲気を言葉の質を体験しつつ学びつつ。

言葉の意味が分からないと、音の質、言葉の雰囲気で意味を察しようとします。

特に小さい子供ほど意味とのつながりではなくて言葉を理解していく。私は子供たちに単語の意味をまだ教えていません。ポスター等を張ってみたりしましたが、それよりも友達との体験のなかで音が理解され、意味を理解していくようです。

ある学芸会の時に双子は「シューバ」(雨)の役をやりました。その時は自分が雨の役とは知りません。彼らは単語を知らないので、ただ歌や踊りを覚えて役をやっていました。ですが暫くしてから雨が降った日に友達と遊んでいると、友達が「シューバ!」と言ったそうです。その時初めて「シューバ」があの学芸会の「シューバ」とつながったのです。もうそれは雷のひらめきのように感動的に。

「シューバ! シューバ! 雨のことか! 僕たちは雨をやったんだね?」と私に聞いてきました。その様子はまるでヘレン・ケラーが初めて水を「Water」と理解した時のようではないか、と私は感じたのです。

子供にとって言葉の理解というのは、私たちが今、外国語を勉強するような文法や構文や単語の理解だけではないのでしょう。外国語との出会いはもっともっと感動的で、神秘的なものなのかもしれません。

言葉をどうやって理解していくのか、というのを赤ちゃんを通しても観察しています。

5人目の子は主に日本語を話す私たちと、ドイツ語でしゃべりかける主人とポルトガル語で話しかける近所の人の中にいます。そしてまれに英語のなかに浸ります。私がドイツ語を話さないから、圧倒的にドイツ語が聞こえてくることは少ないので、日本語しか理解していないのかなと何となく思っていました。けれど最近ドイツから両親が来て、ドイツ語でどんどん話しかけると、明らかに「あ〜この音知ってるぞ！」という顔をするのです。

面白いことに、赤ちゃんと私たちはまだ言葉で会話をしていませんが、お互いに意味が通じているると分かるのです。ボディーランゲージや雰囲気もあるけれど、言葉の質をちゃんと感じ取っているのです。赤ちゃんはその感じから意味を汲《く》み取っていくのでしょうか。

とにかく言葉を交わさず、既に日本語において通じ合っているのです。なるほど、言葉というのは意味が分かって通じるのでなくて、ひょっとすると振動、感覚からまずつながって、そのあとに文字や記号として意味を理解していくのかなぁと思うのです。

赤ちゃんの目を見ていると、日本語は知ってる音として受け止めています。そしてドイツ語も「あ。知ってる！　パパ以外にもこの音を使うんだね！」という喜びと驚きと共感を感じます。

そしてポルトガル語で近所の人にかわいがられる時、赤ちゃんはすっかり包まれるように、そのリズムを楽しんでいるのが見て取れます。

今6ヶ月になる我が家の赤ちゃんには、どうやら既に3つの振動が自分の物として蓄えられているようです。

いつしかその音が満ちた時に現れるのは、どこの国の言葉なのでしょう。そして色んなリズムが振動が、自分の内側にあるというのはどんな感覚なのでしょう。

私も英語を感じる時、ポルトガル語を感じる時、日本語を感じる時、ドイツ語を感じる時、それぞれ違った雰囲気を感じます。そしてそのどれもがいつしか私の外側の物でなく、内側の物のように感じるのです。

それはにわかに国境が崩れるような素敵な感覚です。こういう体験を通して私は地球は一つだ、という感覚を感じずにいられません。

いろんな種類、いろんな異なる雰囲気を持つ、この地球という星のたった一つの部分から生まれた日本人という私。けれど全ての音は私たちの内側に感じることができる。

きっと私たちはまだ、自分の内側にある全ての扉を知らないだけで、実はどこでもドアのように全てのドアにアクセスすることができるのではないかと感じるのです。全てのドアとつながっているのだ、と。

そう思うと実際には国境なんて物は存在しないように感じるのです。

目に見える世界は、パスポートや登録や色んな手続きや差別や戦争や経済や、勝手に人間が社会が作ったものによって隔てられているように感じる。けれど、でも心の内側を見ればみんな一つだと、私も世界で、世界も私だと、そういう風に感じることがある今日この頃なのです。

子供時代

静かな秋の夕暮れ前の時間。庭の裏で洗濯物を取り込んでいると子供たちの遊ぶ声がする。夕飯までのこの時間をめいっぱい遊ぶ子供たち。ふと、自分の子供の頃の記憶がよみがえった。3歳から小学校3年生まで過ごした東京の社宅の記憶が。

今、私たちの住むコンドミニウには8世帯が住んでいて、そのうち2世帯をのぞいてみんな子供がいる。その上、子供たちはほとんど同じシュタイナー学校に通うから、すぐに仲良くなった。

下は4歳の幼稚園児から上は18歳くらいの大きいお兄さんたち。さすがにティーンエージャーのお兄さんたちはまれにしか見かけないが、日頃は幼稚園の子供から小学校低学年の子供たちが、おっきい子も小さい子もみんな一緒になって遊んでいるのだ。

コンドミニウにあるプールに飛び込んだり、はたまた芝生の広場で枯れ木や端材で基地作り。みんな裸足で駆け回り、棒切れを剣にしたり弓矢を放ったり、王様になり海賊になり。とにかく時間を忘れてよく遊ぶ。

敷地の中にある果樹はおやつになる。マンゴー、ジャボチカバ、ザクロ、パッションフルーツ、アセロラなどが実ればついばむ。

気がつけばよそのうちでおやつをごちそうになる。親の知らぬ間にどこの家でもすっかり顔なじみの様子。あちらでリンゴケーキ、こちらでバナナケーキ、人参ケーキ。

「あら、いらっしゃい。おやつ、食べてく?」

なんてうちのドアからひょっこり入って来る可愛いお客さんを、私も招き入れる。もじもじと子供たちが芋づる式にやってくる。あっという間になくなるケーキがなんだか嬉しい。

危険というイメージのあるブラジルでも、ここはパラダイスだ。コンドミニウの中は住人しか入れないし、他人がいればすぐ分かるので、安心して子供たちが家から飛び出していける。

広すぎも狭すぎもしない敷地の中の全ての空間を、子供たちは存分に遊び回ることができる。私たち大人にはもうすっかり見慣れた、限りのあるように見えるこの場所が、彼らにとっては無限の空間であり、毎日新しい発見を与えてくれる魅力的なパラダイスなのだ。

私の子供の頃もそうだったなぁと思い返す。社宅は環七沿いにあったから、あの頃でも空気は悪かっただろうに、私にとっては楽園だった。

一歩社宅の敷地に足を踏み入れれば、我が庭のようにどこでもくまなく遊び尽くした。庭には枇杷、柿、ゆすら梅などがあり、おやつがわりにしたものだった。木に登り、かけまわり、小学生から幼稚園児まで一緒になって遊んでいたのは、まさに今の我が子たちと同じだ。遊具もいらない、おもちゃもいらなかった。季節の植物たち、木っ端に石ころ、虫たちとよく遊んだ。なじみのエリアをはじめ、ちょっと遠くの棟まで探検に出る。大人からしてみればほんのちょっと先の場所でさえ、私たちには未知なる旅だった。

そのあとにも色んな場所に色んな思い出があるけど、今でもなつかしく思い返すのはあの場所での思い出。私たちの楽園。

思う存分遊ばせてもらえたかげには、きっと親たちが作ってくれた大きな安心の囲いがあったのだろう。私の知らないところでよそのお宅に頭を下げたこともあったのだろうと、親になって気がつくこともある。

今、私はここブラジルで自分の子供たちが、かつての私のように果てしない冒険と魅力的な世界との出会いを、日々繰り返していることに気がついた。まさかそんなことがここでは起こる訳もないと思っていたあの子供時代が、異国で空間と時間を超えて繰り返されている、この不思議と驚きに包まれながら。

秋風の中で翻る洗濯物のすきまから子供たちの異国語を聞きながら、遠く、近く、世界を感じながら、とても幸せな気持ちになった。

あの頃のあの時間が繰り返されることの幸せに。かけがえのない子供時代の贈り物となる今をここで紡いでいることに。この運命の不思議に。

2014.ABRIL

離乳食ふたたび

7ヶ月になる我が家の坊やのブラジルでの離乳食がいよいよ始まりました。久々の赤ちゃんでどうやって離乳食を始めるのかすっかり忘れてしまっていたのですが、何となく勘をたよりに、坊やの様子を感じながら進めております。

というわけで、日本では、え!? と思うような物も試しつつ、新しい発見をしつつ頑張っております。

例えば、庭の熟れたてのパパイヤがあまりに美《お》味《い》しそうだったので、一掬《すく》いスプーンですくって食べさせてみました。なかなかやぶさかではないご様子。離乳食初期の赤ん坊にそんな陰性を！

とマクロビオティックでは叱られそうですが。でもここはブラジル。なんかよさそう〜って思う気持ちのいい物も食べさせてみたりしています。一ヶ月違いの赤ちゃんが近くにいるのですが、実際、離乳食はパパイヤ、洋梨、バナナなどフルーツを食べていると言っていました。基本穀物、の日本とは随分違いますね。郷に入っては郷に従え、ということで坊やにも生の果物も食べさせています。

でも観察してみて思ったのは、基本は加熱した果物のほうが気持ち良さそうということ。リンゴのすりおろしを飲ませた時とリンゴの蒸し煮をマッシュして食べさせた時とでは、蒸し煮の方が赤ちゃんがリラックスして食べています。口あたりが柔らかいという感じでしょうか、生のよさ、加熱のよさ、穫れたてのプラーナ、色んな食感との出会いをバランスよく味わい体験してもらえるような離乳食の進め方をしたいなって思ってます。

赤ちゃんにとって離乳食は栄養を摂る以上に新しい世界との出会いの始まりなんだ、とあらためて感じる5人目の離乳食。感慨深いですな。

そうはいっても日々のこと、準備や片付けもうまくこなしたいところ。

そんな訳で最近の離乳食は、分つきのお米を水分少なめのおかゆにしてストック。その他カボチャと人参の蒸し煮をマッシュしてストック、リンゴの蒸し煮をストック。ブロッコリーを小さく房分けして茹でたのをストック。これは最近下の歯が生え始めた坊やのお気に入り。歯固めに茎をがしがしかじっています。人参、カボチャをスティック状にしたものもよいです。手で持てるものと、食べさせるものと2種類用意しておくと便利です。

我が家では、ご飯の時間に坊やも同じ食卓に座らせて「いただきます」をします。ここはやっぱり日本人として外せません（もちろん、ごちそうさまもしますよ）。それから手で持てるブロッコリーや人参を目の前において（お皿で遊んじゃうので今はまだお皿は使ってません）、まずは自分で掴《つか》んで食べる。というか……食材とたわむれていただきます。

噛《か》んだりなめたりがしがししたり、まだうまく使えない手先を練習するように掴んでは落としたり、どうにか口に入れようとしたり、そうして楽しく格闘している間におかゆを小鍋で温めます。水分少なめで固めに仕上げたおかゆは、水を足してのばすことで好みの加減にできるので便利。特に朝食時は水分を多めにして重湯のような食感にして、リンゴのすりおろしを加えたりします。夕飯や昼などたっぷり食べそうだな、と思った時は足す水を少なめにしてもったりとした食感にし、カボチャなど加えてたっぷりと。

あとは味噌汁の里芋をわけたり、小松菜をしゃぶらせたり。そうやってなんとなく皆と一緒の食卓で、生まれて初めての「食べる」を体験する毎日なのです。

みんなより早く食べ終わった坊やには、最後にまたまたたっぷり食材とおたわむれを。困らない程度に、ぐちゃぐちゃとやりたいように触りたいように。見てるこちらも楽しくなるほど熱心にたわむれる赤ちゃんの食事。

あぁ、世界と出会ってるねぇ。不思議な物がいっぱいだよねぇ。赤ちゃんを見ながら私までなんだか冒険し、発見するような気分になる。

味を通して感覚がお母さんのもとから初めて開かれていく。土と水とお日様と全てのものに出会っていく。それを自分で掴み味わっていく。

食卓の上から赤ちゃんの人生の第一歩が始まる。離乳食ってすごいんだなぁ。とはいえ。毎日3食ぐちゃぐちゃのてんてこまいで、こんなことよく4人もやってきたもんだなぁと、自分を褒めたくなるような気持ちもしたりして。

いつか坊やが箸を使って、お茶碗を持って、立派に食事ができる日がくるのも楽しみなのであります。

料理

毎日毎日料理をする。

朝昼晩と、ときどきサボってときどき全力で、のんびり気長に繰り返す。

国が変わっても食べる物が変わっても、作る物が変わっても、誰かのために自分のために料理する。

目指すは無駄なく最後まで美味しく。食べる、作る、食べるの繰り返し。

毎日の仕事は簡単そうで大変で、台所で疲れて、台所でまた元気になるのも本当のこと。

ドイツから両親が遊びに来てくれて大家族になったとなれば、大勢人が集まった時に作ることが多いというStreuselkuchen（シュトロイゼルクーヘン）が、我が家の新しいレシピに加わったり。

新しい出会い、発見の日々。

今が旬のハイビスカスで漬け物を作る。懐かしさと冒険と。味は柴漬け。見かけはラテン。ジャパニーズブラジリアンはまるで我が子のような。

こうして日本人の私の手によって、ドイツ人の主人の文化とブラジルの食材と環境でインターナショナルな食卓が繰り広げられる。

それでもいただきますとごちそうさまの習慣は変わらない。

箸の文化、フォークの文化。醤油と、スパイスと色々あわさって彩りはますます豊かになる。

我が家の新しい文化が生まれる。

「変わる」は「育つ」の印。育てば変わる。

こうして今も食卓は自在に変化し続ける。ときどき進んでときどき休んでときどき走りながら。諸行無常もまたここに在り。されど変わらず在るものを大切にして。

ハイビスカス！

最近の私のお気に入りはハイビスカス！　ローゼルとも呼ばれるようですが、ブラジルで今収穫期をむかえています。

毎週伺うオーガニックマーケットで初めて見かけて、調理法を聞いて作ってみると、おいしいジャムやら漬け物やらできるんですよ。酸っぱくて、こちらではブラジル梅とも呼ばれているそう。日本でも沖縄や八丈島でとれるらしいですね。

ブラジルで初めて出会ったこのハイビスカスに夢中な私。ご縁あってお友達になったオーガニック農家の日本人の方に誘ってもらい、収穫させていただくことになりました。ということでハイビスカスジャムクッキーをお土産に焼いて早速行ってきました。

こちらでは大根、かぶ、ごぼう、小松菜など日本の野菜も作ってくださっているのでとても助かっています！　大きな農場の中に住居スペースもあって、沢山の野菜にフルーツの木、豚や鶏たちもいっぱいいます。

ひろ〜い農場だけど、昔はジャングルだったたわけで。それを開墾してこれだけの広い農場にしたって、昔の方の努力がうかがえます。今ではブラジルは木が無くなったって聞いたけど、これが全部ジャングルだったんだからブラジルってすごい国だよなぁ、と、しみじみ。

では、早速ハイビスカス収穫に行こっか！ と言って、家を出て歩きだした林の中には、ドラゴンフルーツが実り、カカオの木があり、で～っかいマンゴーの木、枇杷の木、そして大好きなブラジルのフルーツ、ジャボチカバもあって、しかもた～くさん実ってる！

「さぁさぁ登って食べよう！」ってみんなで道くさ。

子供たち、どんどん木に登ります。こんな立派な木見たことな～い！ 大興奮で収穫。

ジャボチカバは紫のへんちくりんな見かけだけど、すごくおいしいのだ。食べきれないほど穫ったのに近くにアセロラも沢山実っていて、「いいよ、いいよ持ってきな」って、これまた沢山穫らせていただき、なんて太っ腹な！

さぁさぁ、いよいよハイビスカスの収穫。

穫っても穫っても穫りきれないほどのハイビスカスを山のように頂いたあとは、豚小屋を見せてもらって、子供たちは餌やりをお手伝い。こう見えて肉体労働は得意な我が子たち。特にこういう農作業や動物たちのお世話は大好きなので、すごく楽しかった模様。生き生きしてます！

ブラジルに来て半年強。ずっと学校と家の中で遊んでいたけど、初めて知り合ったブラジルに住む日本人のご家族に、まるで親戚のように親切にしていただいて、子供たちはすっかりいとこのようにかわいがっていただいて。本当にありがたいなぁ人との出会いは……。

みなさんだいたいポルトガル語と日本語が話せるので、久々に家族以外とた～っぷり日本語を話せた子供たちは、それもとっても楽しかったみたい。もちろん私も！　ですけどね！

こうして少しずつ、自分の知ってる場所が増えていって、知ってる人が増えていって、ブラジルがちょっとずつ遠い国から自分の知ってる近い国になっていくんだなぁ。

イースターの考察

早い、早すぎる。時間が経《た》つのが早すぎる。気がつけばもう4月が終わる。

子供5人と犬2匹。国際結婚で異国暮らしを始めてはや8ヶ月。今月とうとう赤ちゃんが初の高熱を出し、看病に明け暮れ、疲れを感じながらも、懐かしいあの幼児期が再びやってきたという実感に包まれた。

熱を出しながら、この世に生まれた体を少しずつ自分のものへ作り替えると言われている幼児期の発熱。何度も風邪を引き、乗り越え、免疫をつけてこの世界で生きていくために強くなっていくこの時期の子供たち。熱を出したあとの顔つきが変わる。態度が変わる。

「あぁ生まれ変わって、また一つ大きくなったね」

熱を出す前とは別人の子供。一体どこへ行っていたの？　つい尋ねたくなるほど。

そんな風に、いくつもの皮を脱ぎすてながら成長する姿を見ていた幼児期の子育てを、また繰り返している。けれどさすがに嬉しいながらも5人目ともなれば、やや疲れが出てくるようで、「いやぁ、年かなぁ」とふとつぶやいてしまう。

肉体的にも精神的にも毎日限界に達するという充実。生きてるってすばらしい。この体も心も精一杯活かしていると思えることはとても嬉しい。そういえば4人の幼児期も毎晩体がじんじんするほど疲れて、お布団に入るのが最高に気持ちよかったっけ。もうそこまで疲れると、やることをやるだけで余計なことを考える暇がないのもいいことだ。けれど時にその疲れが限界となり、心が折れそうなこともあった。

それでもお日様がのぼり、雨があがり、季節が変わって今日という日が始まる。終わらない夜はない。

それが一日なのか、季節なのか、年月なのかわからないけど、永遠に変わらないことなどない。

見えないところで命が動く冬の大地のように辛抱強くあるほど、目に青い春の喜びはひとしお。あぁ、日本の春があんなに待ち遠しく感じるのはそのためなのかしら。

日本の裏側では秋が始まろうとしている。

市場ではサツマイモに柿、里芋にリンゴがならぶ。まるで日本にいるようだけど、「Caqui（カキ）」と書いてある文字にくすぐったいような気持ちになる。

日本では桜が散ったという話や、たらの芽を食べるという話を聞いて、日本の春に思いを馳せる。そうだ。ブラジルにはこんな春の気持ちは確かにないんだと気がつく。

この土地で赤ちゃんを産んだのは春。けれどこの国では緑が地上から消えることはない。常に緑の草が生い茂り、鮮やかな花が季節毎に咲き乱れる。

地上の内側に深く深く潜り込み、寝静まった内なる光を外の世界に映し出すような日本の春。

一年中、生の息吹を、生命の喜びをたたえているブラジル。ここでは喜びが、命が絶えることなくいつでも目に見えてある。同じ地球の上でも命のあり方がこんなに違う。その違いが、形を作り、言葉を作り、音を作り、色を作り、味を作り、空気を作り、動物も植物も人間も天気も全てを作る。それがブラジルになる。それが日本になる。

私たちはここに8ヶ月前からやってきて、ここの色を見て、音を聞いて、食べて、眠って暮らしてる。体の細胞が、命の質を作るその環境が入れ替わる。なにかが少しずつ変化を遂げる。

次に会った時には私の顔は変わっているだろう。私の体も髪の毛もきっともう8ヶ月前と同じではないだろう。

もしもこんなに遠くに来なくても、きっとそんな風な変化というのはどんな人にも訪れているのだろう。

生まれたてだった私の赤ん坊が今はその倍もの大きさに成長し、日々変わっていく姿を見せるように。熱を出しながら命を完成させていくように。

成長しつつある子供が目の前にいてくれることによっても、私たちはきっと姿形は変わらなくても、彼らと同じように変化し続けているということをもう一度思い起こす。

違いを知ることで、変わらない物を見つけながらも変わっていくという、成長という命のサイクルの不思議。

世界は一つと思いながらも、こんなにも世界は違うということの喜び。違うのに同じだという世界の不思議。

日本の春とブラジルの秋、イースターのころの考察。

2014.Maio

課外授業

子供の通ってる学校ではときどき週末に課外授業がある。キャンプ付きで陶芸をしたり、農場に出かけたり。だいたいみんな家族で参加する。

大勢で出かける遠足の中で遊ぶように学ぶ子供たちはとっても楽しそう。先週は5年生の次女のクラスで紙を作る課外授業があった。

我が家から車で20分ほどの場所、クラスメイトの実家の、バイオダイナミックの畑とシュタイナー教員コースをやってるコミュニティにて。

まずはみんなで散歩。遠くには湧き水のプール、広い敷地には畑、動物、果樹、池などが。湧き水の水飲み場を利用したビオトープのようなものを作ってあった。パーマカルチャーの要素もあるみたい。お水は冷たくて美味しい!

あたりを歩き回ったあとは、水辺で植物のデッサンを始める子供たち。ブラジルの蓮の花。この花の池の端に生息している背の高い植物を刈り取って紙を作ります。大人たちは刈り取る作業をしつつ子供たちはデッサンをしつつ。

初めて見たこの植物。インテリアにもいいよね〜と話してると、素敵だからといって根っこから掘って家に持ち帰る家族もいました。家で植えてみるって。さすがやることがワイルドだ。

さて、いよいよ紙作り。先生の話をよく聞いてみんなで手分けして作業をすすめます。さっき刈り取った植物の茎を皮をむいてお酢につけ、手で割いていきます。そして二人一組で紙を織り上げます。几帳面で誰より美しく作るのは娘たちは大得意！　私の出る幕もなくただ見守るだけ。先生にも「Muito bem!」とほめられてました。あとはこの織り上げた物をプレスするようで、出来上がりはまた後日。どんなのができるのかな〜。

ともあれすっかりおなかがすいた子供たちは、ポトラック（持ち寄り料理）を堪能し、早速向かったのはあの湧き水プール！　自然の石や岩で囲んで湧き水をためたプールは最高に気持ち良さそう。岩からの飛び込みはみんなどきどき。最初は怖くてためらってた子もいたけど、最終的にみんな飛び込む！　怖がっていた次女もやりました。

昼下がり、大人たちは芝生の上で、食堂で、食後のケーキをつまみながらのんびりおしゃべり。あぁなんてリラックスした休日なのでしょう。

子供の課外授業でも家族みんなでやってきて、のんびり時間を過ごすのがブラジルスタイル。先生だってパートナーも子供も連れてきます。

食事をしたら、必ずデザートも用意してあって、ゆっくり食べながらいっぱいおしゃべりして。だれも酔っぱらったり、イライラしたりもしないで、みんなリラックスの仕方を良く知ってるなぁと感じます。

楽しむことが上手、のんびりとする事が上手。日頃の忙しさを微塵《みじん》も感じさせない大人たち。それがブラジルスタイル。

こうして休日にエネルギーチャージして、また一週間が始まるのです。

母の日

今朝起きたら双子が私のもとにやってきた。

「ママ、これあげるよ!」

よれよれの紙袋にはずっしりと重そうな物が入ってる。そういえば先週末学校から持って帰ってきたっけな。パンだ。リビングにあったから中身はもう知っていた。パンだ。リビングにほったらかしてあったから開けてしまったのだった。大事な物のはずなのに、見えるところにほっとくあたり、抜け目だらけの双子君は未《いま》だ健在だ。それでも「これどうしたの?」って聞いたら素早く「開けてない?」。

(開けちゃったけど、そんなこと言えやしない)

「まだあけられないんだよね~ひみつだからさ~」と、秘密の意味がわかってないのか、ともあれ双子はうれしそうに今日まで部屋に隠し持っていたのだった。

何度も握りしめたからか、よれよれになった袋がなんだかかわいい。びっくりした振りをして、「え~何? ありがとう~なんでくれるの?」と聞くと、「じゃ~ん。今日はママの日です!」と、待ってました! と言わんばかりの嬉しそうな顔で二人が言った。

そう言うや否や「このパンね、すごいんだよ」と、おもむろに袋からパンを取り出しちぎってみせた。紫芋が渦巻き状に巻いてあるパンだった。

「おいしいんだよね」と言って私へのプレゼントのはずだったのに、自分で食べてしまった双子君。しばしあっけにとられる母をよそに、おっちょこちょいがまだまだ健在な双子君。

母の日。数日前に何となく聞いてたけど、お祝いしてもらえるとは思っていなかったので、実は本当にちょっとびっくりした。袋の中身がパンだとは知っていたけど、それでもなんか嬉しい驚きがあった。しかもお手紙までついていた。

「お母さんありがとう」

なぜか宛名は「ひとみへ」と、まるで恋人へ宛てた手紙のようになっていたが、学校で皆と一緒に書いたから、きっと外国の風習で名前で書きたくなったのだろう。きちんと自分の名前も漢字で書いてあった。ひとまずは日本語がまだ書けるようでほっとした。それぞれ違う絵も描いてあって、それが二人の性格を見るようで素敵だった。

こうなるとお姉ちゃんたちもうずうずしてくる。気がつけば4人に囲まれプレゼントとお手紙をもらっていた。まさかお姉ちゃんたちもプレゼントを隠し持っていたとは知らなかった。どうやら学校で作ってきたようだった。

長女はハーブを混ぜた手作りソルトを自分でラッピングしてあった。次女は毛糸の手編みのポーチで中に折り紙の小箱が入ってた。

それぞれ手紙がついていて、「Obrigada mamãe」「お母さんありがとう」と書かれていた。見慣れた日本語のメッセージに、初々しいポルトガル語のメッセージ。

なんだか胸がいっぱいだった。

「ありがたいなぁ」

しみじみ思う。もうこれではどちらが感謝しているのかわからない。母の日は母に感謝し、母も感謝する日なんだなぁと気がついた。元気に育ってくれる子供や家族に囲まれて、なんてありがたいのだろう。

そして今日一日の終わりには、泥で作った母の日のケーキをくれた。

小さい頃から何度も何個も作ってくれたあのケーキを、今日はブラジルで、ここにある土と木の実で作ってくれた。

お母さんになって13年。ブラジルで初めての母の日。

8ヶ月

赤ちゃんが母乳から免疫をもらえると言われている時期がすぎ、私たちもブラジルに来てから8ヶ月が経った。

スーツケース12個と少しの家具で始まった、異国でのシンプルな暮らしは、物がない分、日々の繰り返しの中でのささやかな幸せを見つけることが多い。

お金さえ出せばここでも便利に、日本にいた時のような暮らしをする事も出来るけれど、私はそんな風にお金を使うつもりはない。まぁ子供がいっぱいいるからそんな無駄もできないんだけど、それならとことんシンプルな暮らしを楽しむほうが良いと私は思っている。

ブラジルは自国の経済保護のために、外国からの輸入品に60パーセントもの関税をかけているため、スーパーではブラジル産の物がほとんど。日本のように世界中から手頃な値段でなんでも手に入るという環境ではないし、品質もそんなにいい物は期待出来ない。

そんな風だから料理をしようと思うと自然と地産地消になる。けれどその食品も暑い気候と未発達の冷蔵技術のせいか添加物が多いのも特徴で、そういうあれこれを避けながら新しいここでの食卓を紡いでいる。

そういう時に物を言うのは、やっぱり手作りの力だと思う。なければ作る、の発想はなんとありがたいことか。そして自分が作った物のおいしさはやっぱり格別。それがいつしか味だけでなく思い出になるというおまけつきだから、なおさら愛おしい。

とはいえ、ときどきはおむすびが手軽に買える日本が恋しくなるし、肉食メインの真夏のブラジルの台所では、一体何を食べたらいいのか分からなくなることもあった。

「あぁ、納豆に冷や奴、薬味のいろいろに、刺身にお蕎麦。枝豆に甘くて美味しいとうもろこし。なんて日本食ってすばらしいのだろう」

そう何度も懐かしい思いがしたものだった。

それでもなんとかここでブラジルらしく、我が家らしく食卓を紡ぐ挑戦はいまでも続いている。

最近我が家から車で2~3時間かかる、サンパウロにある日本人街リベルダージというところに初めて行った。そこは横浜中華街の日本バージョンのような街。

ここのスーパーには納豆やらできたて豆腐やらレンコン、餅、日本のスナック菓子など何でも売っている。そして中華点心なんかも売っていて中華食材も手に入る、アジア人には嬉しい場所だ。

私たちも懐かしいお蕎麦屋さんやラーメン屋さんに見とれながら街を歩き、お店に入れば日本の食料品にすっかり興奮して、できたてブラジル産の豆腐にお揚げに納豆にと買い込んでしまった。

なんと便利な!! こんなお店がうちの近所にあればなぁと口惜《くや》しい気持ちがしつつも、こういう特別があるからこそ、日々の暮らしがもっと楽しくもなるのだとも思った。

その日はもちろん、念願の柔らかい豆腐の味噌汁。納豆に御飯、自家製ぬか漬け。「あぁ、最高！　日本食万歳！」みんな大感激で完食したのだった。

ブラジルの日本食は結構いいかげんで、味噌も売ってるが、なぜかあきらかに「しろみそ」「あかみそ」とかいてある。どう考えてもラベルを間違えてパッキングしている。ということで赤味噌が欲しい時は「しろみそ」を買うことにしている。

そして小豆も売ってるがなぜか「イセタン」と書いてある。「Isetan」ってデパートじゃないの？って首を傾《かし》げる。謎だ。

番茶もあるけど「山本山」と書いてある。たしか海苔《のり》の会社じゃなかったっけ？　なんか知ってるような知らないような紛らわしい名前がついているのである。といいつつも、手に入る小豆も味噌も番茶も、我が家の欠かせないアイテムとなり台所に収まっている。ありがたや、ありがたや。

小豆は細長く日本の物とは随分違う。米だって細長い物じゃなくても日本とは匂いも味も全然ちがう。醬油だって添加物が入ってないものを買っているが原材料は大豆、塩、トウモロコシ。所変われば品変わる、味も雰囲気も全然ちがう。だから料理も変わるし、美味しく作る方法も変わる。

空気も気候も周りにいる人も違うので、食べたい物も変われば欲しい味も変わる。はじめはこんなおかしな匂いの米や、細長くて固い小豆やうまみのない醬油にがっかりしたけど、今ではこれがブラジルの風土に適した、ここで出来た物だと思い、とてもしっくりきているように感じる。

海外で暮らし始めると、はじめは自分の中に元々ある味覚や音や嗅覚やセンスやいろんな物と外の世界が対立する。その異物のように感じた外国の諸々も、時間とともに自分の中で熟成されて、気がつけばいい塩梅になっていく。

日本人として変わらない物もありながら、前よりもっと世界を許容してる自分を感じる。それはなかなか悪くない。

今では味噌汁ももちろん我が家の定番だが、それと同じくらいフェジョアーダというブラジルの黒豆の煮込み料理が定番になっている。どちらも日常を感じる味になっている。

こんな風に色んな味が混ざりつつ、自分のルーツを大事にしつつ、台所での試みはまだまだ続く。

日本食はスパイスを用いない水の料理。ひたひたと、ことことと優しくゆでる、蒸す、浸す、煮る。穏やかで繊細な波動だ。

一方ブラジルははじけるような油の料理。スパイスはあまり使わないが、じりじりの太陽とジャングルのような自然を目の前に、自然とワイルドな料理を作りたくなる。食べたくなる。じゅーじゅー焼く肉、ざっと強火で炒める肉。生のサラダをがしがし食べる。

また最近は中華料理や韓国料理、タイ料理のスパイシーさなどが、アジア人の私には熱帯ブラジルで食べるのにとても合うように感じている。じゃっじゃと炒める中華料理やスパイスの効いたエスニック料理は、すごくおいしく感じられるということに気がついた。

でもその材料は簡単に手に入らないので、やはり何でも自家製でというのはお決まりだ。自家製グリーンカレーペーストでタイカレーを作る。自家製中華麺を作ってラーメンを食べる。スープだって鶏肉を食べた残りでがらスープをストックしたりする。最近はそれにキムチも加わりアジア料理大満喫。

もちろん夫の母国ドイツ料理もそこに加わる。そしてイタリア系の友達、イギリス人、フランス人、スペイン人と友達の輪が広がればどんどん料理も広がっていく。

こうして世界中の料理を作って食べるのはとても楽しい。

どこにもすばらしい文化と智慧《ちえ》が詰まっていて、美味しく無駄なく健康的な料理が沢山ある。肉食だろうと菜食だろうと、全ての歴史と智慧と文化に乾杯だ。

私の台所はますますグローバル化している。そうしながらも毎日御飯と味噌汁は欠かさない。

日本とも世界ともつかない、菜食とも肉食ともつかない、生食とも加熱食ともつかない、混沌《こんとん》とした我が家の日々の食卓の中に、私らしさを見つける。

ブラジルに来て8ヶ月。

気がつけば我が家のぬか漬けはしっくりと床がなじみ、いい塩梅となっていた。

おやつ

ブラジル人はチョコレートが大好き。とにかくおやつはチョコレート。

子供たちの通っているシュタイナー学校も例外でなく、毎週学校で開かれるオーガニックマーケットに行けば、親御さんの手作りチョコレートケーキ販売に長蛇の列。まだ2歳くらいのよちよち坊やが片手にでっかいチョコレートケーキを持ってかじりながら学校の中を歩いている光景など、はじめは驚いたものですが今ではもうすっかり慣れてしまいました。

日本人の私たちがNo rice, no life（米なしの人生なんてあり得ない）ならば、ブラジル人はNo chocolate, no lifeといったところでしょうか。

とはいえ、そんな光景を見て、「うちの子なら、2歳で絶対片手にチョコケーキはあり得ないよね！　ユニオには片手におむすび持って歩かせよう」と子供たちと話しておりますが。けれどそうはいっても周りがこれだけチョコレートを食べれば、子供たちも欲しくなります。そして不思議なもので、ここでは私もチョコレートがすごく食べたくもなるのです。

コーヒーの名産地でもあるので、飲めないくせにコーヒーも飲んでみよっかなんて気にさせるのがブラジルです。そして普段お酒を飲まない私でも、「カイピリーニャ飲みたいなぁ～」なんて淡い憧れを抱かせ、授乳中であることを思い出し、「がび～ん」と思わせるのがブラジルのマジックです。

そう。この国では快楽、喜び、楽しみということを満喫するためにみんな生きているという感じがするのです。頑張る、我慢する、努力する、禁欲的という日本人的な発想はこの国には似合いません。コーヒーのかぐわしさ、チョコレートの魅惑のテイスト、すばらしいトロピカルフルーツのカクテルなどはそれを体現する、この世界からのギフトのようです。

だからこの味を知ることは人生の喜びという風に思えます。けれどその甘い喜びは刹那《せつな》で強力。それ故に反転して毒にもなる。

どんな物にも裏と表がある。美しい花に毒があるように、甘い魅力には罠があるように、このすばらしい地球の贈り物にもそういう世界の逆説が含まれているのも事実。

こうやっていろんな美味しいを体験するのも人生をうんと広げてくれるなぁ、と思う今日この頃なのです。

そんなわけで魅惑のチョコレート大国ブラジル。私たちも時々楽しんでおります。子供たちにとってはちょっとしたチョコ解禁。これは我が家のレボリューションといってよいでしょう。

そう、ここでは食卓の上でも様々な革命が日々起こっておるのです。

けれど残念なのはこれだけチョコが好きな国なのに、美味しいチョコレートが売っていないこと。せっかくのチョコ解禁にこれはかなり残念。原材料を見ると訳の分からない添加物がいっぱいで本当に参ります。たしか原材料のカカオもここでとれるはずなのになぜ？ と思ったら、どうやらこの暑い気候と未発達の技術のせいで添加物を入れないと遠くまで運べないとか、そんなわけがあるそうで。

なんなら自分で作ろうかとも思うのですが、ローフードのチョコを作ろうとするにはまた他の材料が足らず。なかなか思うようなチョコライフは送れないのが現状。う〜ん惜しい！

チョコに魅せられている我が子たちではありますが、秋深まるブラジルでは乙女はやっぱり芋、栗、ナンキン、トウモロコシなど甘い野菜が欲しくなるのですよね〜。子供の頃からよく食べてる味ってのは、体にしみ込んでいるせいか、チョコ大国でもそこはかわりません。

こっちでは日本のようにトウモロコシは甘くな

く、初めて食べた時は「これは動物の餌じゃないのか?」と思ったのですが、何度も食べるうちに古来種のとうきびのような素朴なうまみさえ感じられるようになり、日本の極甘のトウモロコシの味など忘れ、今ではブラジル産トウモロコシをがしがし食べる子供たち。

そして生まれて初めて食べるピニャンウという ブラジルのナッツ。松の実の種の大きいもので、もちっとしていて、ナッツというより銀杏みたいな食感。ほんのり甘い穀物のような感じがまたたまらなく美味しくて、恋しかった栗をしのいで、ただ今我が家の人気ナンバー1に。

こういう土地のおいしい物との出会いも嬉しいものです。

お肉に添えたりケーキに入れたり、はたまた栗御飯のように、混ぜて炊いたりと色んなレシピがあるようですが、子供たちは圧力鍋で茹でただけのピニャンウが好き。茹でたてのあつあつを、皮をむきむき散らかしながら食べる昼下がりのブラジルってのも乙なものです。

強烈な魅惑の味を振りまくチョコレートに、噛むほどに味わい深い素朴な魅力を醸《かも》し出すピニャンウ。いろんな「美味しい」を味わいながら、子供たちは世界を広げる。おやつから見たブラジルも様々な魅力でいっぱいのようです。

AWAY

先週末、次女は友達の家族と一緒に、農場に泊まりがけで遊びにいった。金曜の夕方から二泊三日の旅行だった。

友達と二泊三日なんて東京に住んでいた頃だってしたことがない。学校の行事でもやったことがなかったし、仲の良い友達の家でもお泊まりはしたことがなかった。なのにブラジルに来てからというもの、よくお泊まりに出かける。確かにもう小学校5年生、お泊まりくらいできるだろうけど、次女はまだポルトガル語が堪能ではない。言ってる意味はだいたい分かっているようだけど、双子のように自分からぺらぺら話すことはない。どうやって会話が成り立っているのか、どうやって時間を過ごしているのか謎だ。そしてそれでも楽しげに遊びにいく。ますます謎めく子供の世界。

ありがたいことに我が家の子供たちは親の心配をよそに、どの子もブラジルでの友達にはとても恵まれていて、ここに来て間もないのに、既に色んな家に招かれては泊まりに行ったり遊びに行ったりしている。言葉が堪能でなくたって全然おかまいなし。

さて今回も私の心配をよそに、次女はこの週末の旅行をずっと楽しみにしていた。「何を持っていこうか？　何を着ようか？」「牛も馬もいるらしい！」などなど。

私なら馬とか牛がいるよなんて楽しそうなこと言われたって、異国の友達家族の中に入って一緒におばあちゃんの家まで泊まりにいくなんて、ちょっとアウェイ過ぎるなぁと思い尻込みしてしまう。その上言葉もうまくしゃべれないとなれば「やっぱやめとこ」となるのだが、次女にそんな気配は全くない。

私にも小学校6年生の頃一度だけ、友達の家族の中にまじって旅行に行ったことがあった。仲の良い友達でご家族とも面識があったので喜んで旅行についていった。ただ車での移動の間、乗り物酔いをしやすかった私は案の定具合が悪かった。

恐れていた事態だ。けれどそんなこと、小6にもなって車酔いするわけないとみんな思っているに違いないこの家族の中で言えやしない。ウキウキモードの家族旅行の車内で、水をさすような発言は出来る訳もなかった。

青白い顔をしている私を見て、「おなかすいてる？　そろそろ何か食べようか」と親切に尋ねてくれたのに、「実は気持ち悪くて吐きそうで〜す……」と言い出せなかった小心者の私。

今となれば素直に言えばよかったのに、と思うのだけど、あの頃の私にはよその家族に入って迷惑かけるのが嫌だったという意地とプライドもあったのだろう、どうしても言えなかったのだ。そんなわけでそのあとに目的地についてから湖に行ったり、ミニゴルフをしたのだけど、楽しかったことを差し置いてその頃の写真を見て思い出すのは道中の車酔い、という苦い経験である。

私にそんな経験がある上、ここはブラジルなんだからと、何度も次女に「本当に大丈夫？　行ける？」と確認した。それでも二つ返事で「行く行く！」との答え。まだ小学校5年生。あの頃の私より幼い。それに車もそんなに得意じゃない。

「おなか痛くならない？　何か食べ物持っていった方がいいんじゃない？」

「遠いとこに行くんだからすぐ帰れないけど大丈夫？」

「車で具合悪くなったらちゃんと言える？」

という私の心配をよそに、「あ、車かぁ、酔うかもね。でもま、なんとかなるや」との返事。

「なんとかなるのか!?」

それより何より旅行が楽しみという気持ちが勝ってる次女。

まぁ本人がなんとかなるって言うんだから、なんとかなるんだよね、と自分に言いきかせ、あとは神様お願いします、という思いでお友達に託す。嬉しそうに手を振って次女は出かけていったのだった。

そして今回ももちろん楽しい思い出を沢山運んで帰ってきた。牛の乳搾りに乗馬、みんなでピザを焼いて食べたりと、彼女の話からは言葉の壁や家族を離れている不安は微塵も感じられなかった。もう彼女にとってここはアウェイではないんだ。そして家から飛び出して外の世界を見る準備は整っていたのだった。

長女の陰に隠れ幼いとばかり思っていた次女は、既にしっかりと自分の道を歩き出せるほど成長していた。

子供の成長を見る時、つい自分の幼い頃の経験をもとに勝手な基準を作って彼らを制限してしまうことがある。けれど私にできなかったことが彼らにできないとは限らない。私の体験していないことを経験している子供たち。

親子であってもどんな風に生きていくかはそれぞれ違うんだなぁ、とつくづく思う。

私の子育てのステージは、柔軟な覆いをもって子供を見守る幼児期から、「いってらっしゃい」と子供を信じて送り出すことが必要な時期に入ったようだ。そして大人の枠をとっぱらい進み続ける子供たちに、私はまたもやインスパイアされている。

次女に限らず我が家の子供たちは好奇心旺盛なのか、ただの向こう見ずなのか、日本を出発したあの日以来、私の不安をよそにブラジルの暮らしでも、いや人生初の外国のドイツでも全く物怖《ものお》じしていなかった。

言葉の壁、習慣の違い、食べ物の違いなんてひょいと乗り越える。

まぁ最初はちょっと文句を言ってみたり、弱音を吐いてみるのだけど、それが過ぎれば「ちょっとは遠慮しろ！」と言いたくなるほど、のびのびと羽を伸ばしていた。その姿に半ばほっともしたのだけど。

ブラジルに来てまだ2ヶ月の頃、出産後にドイツの両親が1ヶ月ほどここに滞在してくれたことがあった。主人の両親と子供たちが会うのは日本出発後にドイツに2週間滞在した時以来、2度目だった。

子供がドイツ語で知っている言葉と言えば「Danke」「Bitte」「Guten Morgen」（ありがとう、どういたしまして、おはよう）ぐらい。そして両親はドイツ語と英語を話してくれるのだけど、子供たちは英語で会話はできない。

そんな中でも日本語とボディーランゲージとあとは気合いでなんとか会話が成立した。

子供の世界だけでなく、主人のご両親ともこの不思議なコミュニケーションが通用していた。実に不思議な光景。理屈と関係なく、確かにそこには意思の疎通が成り立っている。世界を結びつけるのは共通言語だけではなく、もっと他の何からしい。

そんな子供たちは主人の両親と一緒にブラジル国内も旅行した。私と主人と赤ちゃんは長女と一緒に用事を済ませてから両親と合流する予定になっていたので、下の子供3人を両親にお願いして先に旅に出てもらったのだった。

子供はほぼ日本語オンリーのうえ、両者の接点は若干のドイツ語と次女に持たせたポルトガル語と日本語、英語の翻訳辞書。しかも国籍の違う大人と子供の異国での旅行というチャレンジングな旅。たった二日だけど大冒険だ。

一応いくつか言葉を教えておこうと思いついて、私たち夫婦が教えたのは「ドイツ語でおしっこはピピ、うんちはカカ」。

咄嗟《とっさ》に思いついたのがこれかぁ。心配するくせにいい加減な私。ともあれピピとカカ。そして念のための辞書と念のための戸籍謄本やパスポートのコピーを持って、両親と子供3人は出かけたのだった。無事に目的地にたどり着くのか、車酔いは大丈夫なのか、高速でトイレは大丈夫だったのか。

けれどこの時も数々の心配をよそに、子供たちは初めて見たブラジルのビーチの話や宿の話を楽しげにしてくれたのだった。

ホーム日本を出発し、色んな意味で人生で初のアウェイを体験している子供たち。気がつけばまだアウェイの気分でいるのはどうやら大人の私だけらしい。

親は心配するより「なんとかなるさ」と見送るほうが助けになると身を以《もっ》て知った今、「子供の力を信じる」というありふれたフレーズが、現実味をもって身に響く。

今では未知の世界に向けて、その柔らかい羽を伸ばしてどこまでも飛んでいく子供たちを、珍しい植物の成長を見るような驚きをもって日々見守っている。

BRASIL 2

ここでの雨はいつ何時、大雨を通り越し
大暴れする嵐になるか誰にも予想できない。

ブラジルドライブ

ブラジルでは運転免許のない私は、もっぱら主人に運転をまかせ助手席に座っている。我が家の車にはもちろんカーナビなどついていないし、バッテリーがすぐに上がるためラジオさえついていない。そんな走ってくれれば御の字です、という愛車で見知らぬ町を運転するにはチームワークが必要で、初めて行く場所であれば当然地図を見るのは私の役目になる。地図があるのはいい方で、もっと酷《ひど》い時には誰かに描いてもらった、まるでミミズがのたくってるような殴り書きの地図を解読しながら、異国の町をさまよい目的地に向かうのである。目的地につくかどうかは運次第。もうこれはちょっとしたアドベンチャー、インディ・ジョーンズも真っ青な宝探しである。

しかもブラジルの高速道路はややこしく、早めに道を解読しておかないと、出口を通り過ぎたりするので恐ろしい。その上、道路では犬も歩けば棒に当たるというが如《ごと》く、パンクして止まってる車、故障して立ち往生している車に出会う。大きなトラックなど荷物を積みすぎるのは当たり前。今にも落ちそうな荷物を積んだトラックの後ろを、「あれ、絶対落ちるよね〜」と言いながら走る恐ろしさはロシアンルーレットのよう。そして、大きなタイヤがはち切れて道ばたに捨ててあるのを見ると、どんだけ車を酷使しているのだろうと不安になる。そんな風にかなりいい加減にやりたい放題やってるブラジルの交通事情だが、まだ一度も事故現場に遭遇していないのは不思議なくらいである。

ブラジルの運転で気をつけなければならないのはこれだけではない。見知らぬ道を謎のポルトガル語の殴り書きの地図を見ながら勘を頼りに進んでいると、時折怪しい雰囲気の場所に行き当たる。そう。ここでは貧富の差があるためにひとたび道を間違えると、ファベーラと呼ばれるような危ないエリアに踏み入ってしまうのだ。これは黒ひげ危機一発並みに恐ろしい。「ここヤバくない?」と思った時には、どんなにエアコンがきかない私たちの車でもしっかり窓もドアもロックして、「ナイトライダー」の車がバックするシーンを彷彿《ほうふつ》させるような速さで直ちに引き返す。幸い今まで何事もなく無事にやり過ごしてきたが、何度かこの雰囲気を味わっているので、やっぱり見知らぬ道を走るのは怖いなぁと思う。

けれども同時に、見知らぬ町を車で走るのはわくわくするものだ。見たこともない異国の町を主人と二人で走り回る。未知ということは怖くもあり面白くもある。私たちはいつだって前に向かって生きている。来た道を戻るのではなくこれから行く道を探して生きている。名前も知らない、読めない、分からない場所を求めている。

「もうどこまでも行こう!」「そうさ、僕らどこまでも行けるのさ!」と青春真っ盛りの恋人たちのように軽やかな気分で景色を見ると、ただ役場に行かねばならないだけの今日という日でも愛おしくなる。なんだかこの一瞬はとても貴重な体験のように思えて来る。

大雨

ブラジルの雨は壮大だ。

雨季のブラジル。日中の気温は37度まであがる。全ての窓が開け放たれた家の中は太陽の熱で温まり、扇風機は熱風をかき混ぜている。

昼間のコンドミニウのプールでは暑さをしのぐ為に、大人も子供もぎらぎらとまぶしい太陽の下、水の中に浸かっている。一見穏やかな昼下がり。

リビングの窓から見える東の空には、日本では見たこともないほど立派な入道雲がうかんでいる。そしてその先に怪しげに灰色の空が広がっている。ぎらぎらの太陽の合間に「どーん、どーん」という低く鈍い音が響き渡る。

雨がやってくるんだ。

以前に嵐を経験している子供たちは、空気の変わり目を感じて家に戻ってきた。「雨が来るよ」みんなで一斉に洗濯物を取り込む。この時ばかりはやりたいとか、やりたくないとか文句は言ってられない。

ここでの雨は、降り始めたらあっという間に土砂降りになる。降ってから取り込むのではもう絶対手遅れになるからだ。それにここでの雨はいつ何時、大雨を通り越し大暴れする嵐になるか誰にも予想できない。

てきぱきと雨降りに備えて作業は進む。洗濯物を取り込む子、雨戸を閉めて戸締まりを確認する子、停電に備えてロウソクを用意する子、それぞれ必要な仕事が終わると、電気のあるうちにできるだけの用事をすませる。お風呂に入る子、台所を片付ける子、部屋を片付ける子。本当にこの時の子供たちは我ながらあっぱれと言いたくなるほど手際がよい。これが嵐の時だけというのが残念な限りだ。

ここまでものの5分だけど、雨雲は刻一刻近づいてくる。風が吹き、外のバナナの木が揺れる。暑かったはずの外の風は一気に涼しさを増し、今では寒いくらいだ。持ちこたえてきた灰色の雨雲は、もうここまでと言わんばかりに、脅すような「ドロドロド〜ン」という雷の音を轟《とどろ》かせ、大粒のあめ玉みたいな雨粒をボツッボツッと落としてきた。土砂降りの始まりである。

風は一層強くなる。雨はいよいよ激しくなる。まるで楽器を打ち鳴らすかのような、激しい雨が地面をたたく。閉め切った、片付いた静かな家の中から様子をうかがう。さぁここからがショーの始まりだという感じで、子供たちは窓際に集まって外を見る。

揺れる木々、いつもの風景は強い雨でかすんでいる。遠い東の空はまだまだ黒い。雨はまだまだ続くのだ。窓に雨が当たる。子供たちが喜ぶ。

どうして嵐の始まりはこんなにわくわくするのだろう？　あんなに酷い嵐にあったばかりで危険すら感じているのに、心のどこかでは「さぁ来い！　今日はどんなだ⁉」と期待している。

そして、家の中にいるというだけでなぜこんなに安心してられるのだろう？　たいして強そうでもない隙間だらけのこんな家でも、家族揃って家にいると嵐も風も怖くないような気持ちになってしまう。

そんな、興奮と安堵《あんど》とが混じる真夏のブラジルの大雨見物。しかしその強さが増すに従ってみんな不安な様子を見せる。「あぁやっぱりやばいよね。わくわくしててごめんなさい、私が間違っておりました」と心でつぶやく。雨はフラメンコのクライマックスのようである。それでもやっぱり好奇心が勝ってちょっと外に出て雨に当たってみる。体から何かがはがれ落ちるような強い雨、洗って洗って何もかもが流れていくようだ。これが地球のパワーなんだ。これがいつもは静かに穏やかにしている自然のもう一つの顔なのだ。

どこかで雷が落ちる音がする。近い。本当に危険が迫ってきている。雷は次に落ちる場所を探してこの辺りをうろちょろしているようだ。日本にいるような雷様の外国人バージョンを頭に思い浮かべてしまう。こんな時に不謹慎だけどちょっと面白い。

また雷が落ちて体に振動が伝わってきた。びりびりと体の芯まで響く強さは、ロックバンドのライブ会場にいるようで破壊的だ。これが自然の力なんだ。

降るだけ降った雨も、電気のリボンを翻していた雷たちも、まるで子供が熱中していた遊びをぱっとやめて、「もうつかれたからやーめた」というように、気がつけばどこかへ去っていく。これだけのパフォーマンスを見せてくれても、引き際がかなりあっさりしているということも、ブラジルの嵐の面白いところだ。だからきっと予報をするひまもなく、突然やってくるんだろう。

雨が上がり外に出る。雨と土の混じった匂いがする。昔、九州のおばちゃんの家で嗅いだ雨上がりの土の匂いがした。ブラジルと日本の距離が縮まる。異国がちょっとずつ私の一部に感じられてくる。

何事もなかったように子供たちはもう外に出ている。体いっぱいに感じる雨上がりの匂いと、また笑顔を見せる太陽を浴びて、再び私たちは安堵の空気に包まれる。洗い立ての地球の上で、土と水とお日さまと全てを体いっぱいに味わう。なんて素敵な気分だろう。

こうして私はブラジルの大雨が好きになった。

おんぼろ車に乗って

日本で乗り続けた8人乗りの愛車を手放してブラジルに渡り、新しく我が家の愛車となったのは5人乗りのセダンだった。

家族は既に6人で、その上赤ちゃんも生まれてきたら7人乗りは確実なのに、ブラジルで初めて手にした車はなぜかルノーの中古ぼろぼろのセダンなのだった。普通に考えればなぜ？と問いかけたくなるがここはブラジル。中古の車を買うということ自体、ブラジル人ですら難しいのだ。ぼろぼろの事故車を新品同様磨き上げて売りつけられたり、盗難車を買わされたり、ぼったくられたり。しかもその証拠を分かりにくくしている為に、それを見破るのがとても難しいらしい。とにかくここでは人脈がないと、いやあっても、あり得ない事件に巻き込まれかねない。

そんな中で秘境に湧き出るせせらぎほどしか人脈のない私たちは、なんとかそのささやかな人脈を頼りに、信頼できるところから買えたのがこの車だったという訳だ。これも一つのご縁。きっと何か意味があるに違いない。こんな風になんでも一期一会と思えてしまうのは私の得な性格だ（と自分では思っているが本当に得か損かは未だに分からない）。もちろん、お金を出せばディーラーで新車を買うこともできる。でもそんなリッチなことをしている場合じゃないし、むしろこのあり得ないブラジルを体験することこそ、ここに住む意味があるのだと、無謀にも私たちは考えていた。

さてこの車、実際乗ってみると乗り心地はそんなに悪くない。走ることは走る。そのへんは腐ってもルノーである。けれど内装は酷い。カーラジオがついているとバッテリーが上がるらしく（ということはエンジンも酷いということだが）、主人によって無惨にも取り払われたラジオがあった場所は、赤と青のコードが丸出しで、どこへつながるともしれない見るも無惨な穴をポッカリと開けた姿となっていた。うっかりそこに物を入れてしまったらさぁ大変。もう二度と戻って来ない底なし穴だ。実際この車に主人の両親が乗って出かけた時、うっかりこの底なしラジオ穴にパーキングのカードを落としてしまい酷い目にあった。

そして車のドアについてる内装用の生地はなぜかはがれ、半分べろんと垂れ下がっている。完全にとれてしまわないで半分まだくっついているというところが、さらに惨めな感じがする。しかもそのはがれたところに茶色いべとべとの糊のような物が残っているからさぁ大変。うっかりもたれかかろうものならそのべとべとが洋服につく。そして洗っても落ちない。

エアコンはもちろん使えない、使ったらバッテリーが上がる。窓は今時手動でぐるぐるまわす取っ手。はじめは懐かしく楽しかったが、毎回ゲートを通る度にものすごい速さでぐるぐるしなくてはならない。暑くて窓を開けたくても、ぐるぐるとしているうちに一汗かける。そんな訳だからいつでも窓は開けっ放しで走行しているので、車の中はすぐに赤土まみれになる。だから白い洋服なんか着てこの車に乗るのは御法度《ごはっと》である。ダッシュボードはいつだってほんのり砂埃《すなぼこり》で赤くなっている。

外装ももちろんすっかり埃まみれで、モスグリーンの我が家の車がその色に見えたことは殆どないほどだ。しかしこの赤土埃で、我が家のおんぼろ車だけでなくどんな高級車に乗っていたって、皆一様に泥まみれになっている。そう考えるともう車を洗うのさえばからしくなり、しかもこのぼろ加減が防犯になるので、すっかりこのぼろ車ライフが板についてしまった。

たしかに街に行くにはこの車はとてもいい。ちょっと高級そうなきれいな車だと、外国人の私たちは格好のカモになってしまう。けれどどう見てもローカルブラジル人にも負けないようなおんぼろ車に乗っていると、まさかこの車から何かを盗《と》ろうとは思えないらしい、というか盗れる物はないと思うらしい。そのおかげか否か私たちはこのおんぼろ車で無事に今日まで街にも行けて、夜に走っても危ない思いをしたことがない。なんとありがたいかなぼろ車。所変われば必要が変わるように、この国では日本に住んでいた時のようなかっこいいきれいな車は、乗りたいか乗りたくないかは別にして必要ない。というか寧《むし》ろ危険がつきまとう不安があるので邪魔になる。

とにかく赤土の道をがんがん走れ、大雨が降って洪水状態の道路でもずんずん進むタフで元気な車、国土が広いのに交通機関が殆どないブラジルの中を走り回り移動させてくれる車があれば、もうただただありがたいばかりである。そうだ。本来車は走ってくれたらそれでいいんじゃないか。もちろん乗り心地がいい方がいい、見た目もいい方がいい、燃費は絶対いい方がいいけど、道具にすぎない車の価値観を、ブラジルにきてシンプルに見直すことができたような気がする。

しかし問題なのはブラジルの物はよく壊れるということだ。このおんぼろ車も1ヶ月に1回は壊れる。お年寄りが毎月病院に行って薬をもらうみたいに、修理屋さんに行かねばならない。これはめんどくさい。けれどとにかく車はこの国では必要だから、どんなに壊れても何度も修理して乗る。何年乗っても、何年走っても車は需要がある。なんだかちょっとかわいそうなくらい車は走らされる。「もう無理です、わたしもう休みたいんです」というように弱音を吐くことが許されないのがブラジルの車だ。

そんなかわいそうなほどがんばりやの車、背の高い主人は頭が天井すれすれになりながら、子供たちをぎゅうぎゅうに乗せ、時には強引にも私と赤ちゃんも同乗して学校に行くこともあった。子供たちはこの格好悪くて汚いおんぼろ車から降りるのを、友達にはあまり見られたくないようだった。たしかに私だってあまりにもぎゅうぎゅうでぼろぼろで必死でちょっと恥ずかしいくらいなんだけど、主人はそんなことを気にする様子もなく、黙って車を走らせ続けていた。唯一この国で運転ができるのは今のところ主人だけだから、彼は忙しいなか私たちの運転手までしなくてはならない。なんだかおんぼろ車みたいにがんばってくれる主人がありがたかった。

けれど数々の不便を経て、時を経て、私たちは新たな出会いを、待ちに待った出会いを果たした。いよいよ7人乗りの車を手に入れたのだ。

車屋さんから帰って来るなり子供たちが駆け寄る。「わ~すごい！」どれだけ子供たちが喜んだことか。やっぱり物心ついた子供たちには、あのおんぼろ車での登校はいささか恥ずかしすぎたのかもしれない。「明日からこの車乗って学校に行けるの？」「ママもユニオも一緒に乗れるね！」「どこでも行けるよね！」みんな口々に話す。

「ちょっと乗ってみようか」その声にどの子も嬉しそうにやって来る。ドアを開けたとたんに新車の独特の匂いがする。皆、鼻をくんくんさせてこの決していいとは言えない匂いを堪能する。あまりにもきれいな車内に双子は「ねぇママ、靴脱いだ方が良いよね？」と聞いて来る始末。「いやいやお座敷車ではございませんので靴のままでどうぞ」どの子供もこの新しい我が家の車に、誇りと高揚する気持ちを抑えきれずにその夜は更けていった。

新ピカだった新しい車は、気がつけば毎日のお勤めによって赤土まみれになり車体はもう黒には見えない。車内もうっすらと赤みがかってきた。しかしステレオもラジオもエアコンもついている車内はなんと快適なことか。ここは楽園である。背の高い主人も楽々乗れる広い車内。あぁもうここに住めると思うほど。運転手も乗る人もみんな快適そうにしている。かつての不便さが今の快適を倍増させる。あの狭かったぼろ車時代がよみがえる。

けれど車が変わっても毎日の日課は変わらない。沢山の子供を乗せてブラジルの道を走り回る、買い物に出かける、仕事に出かける忙しい日々だ。

大きくなった車が今日も走り出す。子供たちが窓から手を出して「行ってきま〜す！」と叫ぶ。私は赤ちゃんと一緒に車が見えなくなるまで見送る。そしてそれに応えるようなクラクションのプップという音が遠くから聞こえている。こうして一日がまた始まる。

番犬ストリート

ブラジルではだいたい一軒家では犬を飼っている。というのもやはり犯罪大国。防犯に犬たちが欠かせないからだ。もちろん我が家にも番犬が2匹もいる。日本では、マンガに出てくるような強面《こわもて》の、今にも噛み付きそうな番犬なんて最近見かけないが、ここでは本気で番をしてもらう為に飼っているので強面は必須条件、大きくて強そうなやつが気に入られている。そしてその威力は意外と絶大で、ローカルのブラジル人は犬をちゃんと怖がってくれる。こちらの犬は知らない人がいたら噛むのが普通らしく、うちに入ろうとする人も「犬を繋いでくれませんか?」と必ず言ってくる。どんな悪そうな（と勝手に判断）ローカルお兄さんが来ても、必ずそう言われるくらいだから効果は抜群らしい。だから「実はうちの犬は雷が恐いんですよ」なんて口が裂けても言うまい。ともあれそんな訳で、我が家もブラジルで暮らす上で番犬がとても貴重なパートナーとなっている。

我が家の近所のローカルブラジル人の家ももちろん番犬を飼っていて、それはだいたい雑種で、もはや色んな血が混ざりすぎて何犬なのかわからない、いやいやもう犬を超えて、というか戻ってオオカミみたいになっている犬を飼っている。人種の坩堝《るつぼ》ではなく犬種の坩堝である。しかもその犬が何匹もどんどん子供を産むもんだから、犬は大群となって家の前にたむろし、「お前ら、勝手に入ったら噛むぞ」と言わんばかりの気迫でにらみを利かせている。これは番犬としては大合格とも言えるが、かつての渋谷のチーマーより恐ろしい佇《たたず》まいである。しかし面白いのは基本的に泥棒よけの番犬のはずなのに、肝心の家には盗む物などなにもなさそうだということだろう。

また我が家の周辺は牧場なので、犬たちは牛を追いかけるようにも訓練されているらしく、その雑種犬の大群はこの辺りの赤土道をなわばりとして堂々と取り仕切っているのである。そんな彼らのテリトリーに、ある時道を造ることになった。私たち近所の人間もこの犬エリアにお邪魔させてもらわなくてはならなくなり、にわかに毎朝の通学が一大アドベンチャーと化した。

犬のいる家の前の道を車で通り過ぎようとすると、犬たちは数百メートル先から既に熱い視線をこちらへ向けて「強敵が現れた！」と、ドラゴンクエストのゲームのように戦闘態勢でやってくる。「おい、来たな！　ダメだぞ！　俺んちだぞ！」ワウワウ！　一匹が吠えると他の仲間もやってくる。「おい、どうしたどうした！　悪いやつが来たのか⁉」ワウワウ！「俺も行くぜ俺も行くぜ！」ワウワウ！　一匹、また一匹と車に寄り添うようにスピードを上げて走ってついてくる。ついてきたと思うやいなや、立ちはだかるように車の顔をにらみながら走る。これは命がけの行為だ。なんと勇ましいブラジル番犬たちよ。しかしうろたえてはいけない。こんな急な展開にも動じず、犬をひかないように車の速度を落として走るという運転技術は、ここブラジルでは必須なようだ。道理でどの家の車も慣れたハンドルさばきで犬たちをかわしていく。番犬が車を追いかけるのは我が家の近所だけでなくブラジルでは常識らしい。落ち着いて車をゆっくり走らせながら犬が諦めるまで走る。けれどブラジルの犬はしつこい。いつまでも追いかけてくる。追いかけてくる。追いかけて……と思いきや「あ、なんか俺走るの楽しくなってきたぞ！」「俺は走るぜ俺も走るぜ！」ワウワウ……！

気がつけば役目を忘れ、車とのかけっこを楽しんでいるブラジルの番犬たち。楽しそうな雰囲気についつい「俺も行くぜ！」とさらに増える仲間たち。耳をハタハタとなびかせながら風をあびて走る顔は、まるで柳葉敏郎のように鋭く速そうだ。既にすっかり本職を忘れている様子の犬たち。強面のブラジル番犬たちもやはり犬は犬。楽しさに笑みすら見せるような面持《おもも》ちだ。

しかしいつまで続くのかと思うこの楽しい遊びも、テリトリーが終わるにつれて勢いがなくなってくる。犬たちははたと我にかえり「おっと、俺としたことが、ついつい遊んでしまった」という感じで、やや恥ずかしそうにいつもの番犬の顔に戻り走るのをやめて、再びあの勇ましい格好ですっくと立ち、私たちの車の後ろ姿に向けて最後の威嚇《いかく》をするようにワウ！　とにらみを利かせて立ち去る。「覚えとけよ！」的な態度だが、さっきの楽しそうな姿を見ているのでもう怖く思えない。

そして次の角を曲がると、再び現れる次なる番犬チーム。「再び敵が現れた！」こうして幾度の強敵をかわしながら赤土の道路を走って、毎日子供たちは学校に通っている。単に私たちの車を覚えていないだけなのか、それともプロ意識なのか。ともかく必ずこちらに向かって威嚇するその姿に、番犬の誇りすら感じられるほどだ。遅刻しそうな時に限って現れる犬と牛の大群に行く手を遮られるこの通学路。けれど懲りずに追いかけてくる番犬たちに負けず劣らず、何度繰り返しても楽しめるこの番犬ストリートは、今や我が家のお気に入りとなっている。

お手伝いさんとお手伝い

ここブラジルでは、少なくとも私の周りの人たちはお手伝いさんがいるのが普通だ。けれど私にはお手伝いさんがいる家といえば、ちびまる子ちゃんに出てくる花輪クンレベルの人というイメージが植え付けられているからなのか、なんだか縁遠く感じてしまう。だからここに来て「ねぇ誰か手伝ってもらう人必要じゃない？」なんて何回か心配されたのだけど、我が家にはお手伝いさんはいない。

けれど大家族の強みで、活躍するのがお手伝いさんならぬ我が家の精鋭お手伝い小僧たちなのだ。４人の子供に頼んでみると、なんとかいやいやながらもお手伝いを始めた。自分からやるほど家事が好きではないが、あまりにも散らかっているとどうにも我慢ならないようで、自主的に掃除を始める頼もしい我が家のお掃除おばさんの長女は、お金を払って雇おうかと思うほど細やかな仕事をしてくれる。けれど思春期まっただ中でかなり気まぐれなお掃除おばさんは、珍獣のごとく稀《まれ》にしか部屋から出てこないので、主要メンバーとして使えないこともあるのがたまにきず。そして次女は自分がやった時だけ自慢げに「ここ私がやったんだよ！」と報告してくれるが、こちらが何かを頼もうと思ってる時にはその気配を察してすっと姿を消すという得意技を持っている。けれど洋服を畳ませると天下一品。ハウスマヌカンも顔負けの見事な仕事をしてくれる。ただ「ママ、こんなに適当に洋服畳まないでくれる？」と私にのたまうのはやめてほしい。今のところ最も有望なのが双子の碧くん。たいがい用事を頼むと「はいはい」と言いながらやってくれる。鼻歌を歌いながら食器を洗ったり洗濯物を干している様は、将来女房の尻に敷かれながらも幸せに暮らす亭主という映像が浮かんでくるようで、いいのか悪いのか微妙な所ではある。そして聞いて聞かぬ振りをするのが双子の翠くん。耳が悪いのか？　と思うほど都合の悪いことは聞かないことにしているらしい。でも絶対に必要なことは聞き逃さないので、やっぱり単に都合のいい耳を持っているだけらしい。いつも仕事をサボろうとして双子の碧くんに叱られ喧嘩になっている。それでも時々はたと目が覚めたように立派にお手伝いをすると、捕った獲物を見せる犬のように鼻を膨らませて嬉しそうにしている。

そんな我が家の愉快な精鋭4名も、気がつけばそれぞれに洗濯物を干すのも大変うまくなった。今となってはこればかりはどこに出しても恥ずかしくない我が家の誇りと言えるほどだ。山のような洗濯物を目の前にして子供たちはあっけにとられながらも、これが我が家の日常だと心に刻む。「僕たち今日はパンツしか洗濯に出してないのにどうしてこんなに洗濯物があるんだぁ！」と怒りをぶつけても、7人がそれぞれちょっとずつ汚せばそれは結構な洗濯物になるということを肌身に染みて理解する。汚したらどうなるのか？　汚れた物は誰がきれいにするのか？　洗濯物一つで人生にはカルマってもんがあるってことに気がつく。はたまた食べた食器は自分で流しに持っていく、汚れた洋服はかごに入れる、布団はきちんと整えておく、そんなあたりまえの作業を一人一人が気をつけるだけで、仕事はうんと楽になり、暮らしはうんと快適になるということを、身を以て知ることができるお手伝いとはなんとありがたいか。が、当たり前と思ってやっているこの素晴らしきお手伝いが、意外と当たり前ではないのだということに、ここブラジルに来て気がつくことになった。

というのも子供の友達の誕生日パーティーに招かれて家族で遊びにいった時のこと。素敵な大きな家で広い芝生の庭があり、もちろんこの家にもお手伝いさんがいた。何十人も招待され、盛大な誕生会をするのはこの国のスタンダードで、この日もそうだった。集まるみんなが食べたり飲んだりするため紙コップや紙皿が沢山あったのだが、不思議とゴミ箱が見当たらなかった。どうするのかなぁと思っていると、みんなそのきれいな芝生の庭にどんどんゴミを捨てていた。もうこれには私たち家族全員驚愕《きょうがく》。ゴミのポイ捨ては日本でも見たことがある。それでもまさか人の家の庭にポイ捨てではないだろうよ。けれどさらに驚きなのが、それをする方もされる方もゴミの存在など誰も気に留めもしないということだった。ゴミ箱どこですか？　と聞きもしない。なぜならこのゴミを片付けるのはお手伝いさんの役目だからなのだ。そしてこういう光景はここでの暮らしが長くなるほど至る所で見かけることになった。学校でも近所の家でも、町でもとにかく人々は平気でゴミを捨てる。自分が汚した物を自分で片付けようとする人には、未だかつてほとんど出会っていない。

２０１４年サッカーワールドカップの試合で、競技場を去る時に日本人サポーターが観客席のゴミを拾い集めていたことはブラジルの新聞で大きく取り上げられた。それはブラジル人にはそういう感覚が基本的にないからかもしれない。普段から自分の汚した物だけでなく、人の物であっても掃除をするようにしつけられたり、学校で当たり前に行われている掃除の時間によって培われている日本人からすると当たり前の感覚が、ここではない。汚した物は誰かがいつの間にかきれいにしてくれるものであり、そのために掃除をする人が雇われているのだから汚しとこう、みたいな雰囲気すらある。これこそまさに私にとってカルチャーショックだった。よくよく見てみると、ここでは学校にも掃除の時間はないし、家にはお手伝いさんがいる。めめんどくさいことはお金を払って他の人にやってもらっている。あの盛大な誕生日パーティーの夕暮れ時、人が散り散りになった庭で、風に吹かれて舞い上がる紙コップの、たいそう哀れで切ない風景が今でも思い出されてならない。

今日も昼ご飯の後に、ほぼ日課になっている洗濯物干しを子供たちに頼む。コンドミニウ中の子供みんなが既に芝生でサッカーを始め、「おい、あおみどりも来てよ～!」との声に、「あ～洗濯干さなくちゃいけないんだよね」と叫び返す双子。「あいつ、なんでいつも洗濯物なんか干してんだ?」と不思議顔で見るブラジルの子供たちを尻目にちょっと恥ずかしそうに、時には文句を言いながら洗濯物を干す。

けれど私は山ほどの洗濯物をぴっちり干しあげる我が家の子供たちが誇らしく、お手伝いさんがいたら便利だろうという気持ちは時々ひょっこり顔を出すのだが、今はまだ愉快な我が家の精鋭4人とともに、なんとか家事をやりくりしている。

誕生日

ブラジルの誕生日パーティーはすごい。どこの家庭もその2週間ほど前から招待状やメールを配る。そして子供だけでなく、その兄弟姉妹、親もこぞって招かれる。一クラス25人前後のクラスメイト全ての人を招待するなんて、さすが気前がいいブラジル人。その上必ず誕生日の子供の家族親戚も揃って招かれているから、もう日本でいうところの結婚披露宴なみの気合いの入れようなのだ。

我が家は子供が4人同じ学校に通い、3学年にまたがっているので、そんな誕生日会がほぼ2週間に一度位の割合で訪れる。サラリーマンのゴルフ接待よりも頻度が高いのではないかと思われるほどだ。内容的に若干社交辞令化しているこのブラジルの誕生パーティーは、その形態も結婚式同様、様々である。

一般的なブラジル（サンパウロの街の人たち）のパーティーは、どこか大きなイベントホールやゲームセンターを借り切るらしい。さすがにシュタイナー学校に通わせている子供にゲームセンターはないだろう、と思っていたが、何度かゲームセンターでの誕生会にも招かれた。マクドナルドの庭にありそうな遊具やゲーム機があって、そこで一日中遊ぶ。最後には大きなチョコレートケーキ（これは絶対外せない。卒業式の紅白まんじゅうと同じくらいケーキはチョコレートケーキでなければならない）と、ブリガデイロと呼ばれるトリュフのようなチョコレート菓子が山ほどあって、それをみんなで食べる。結婚披露宴でいえばホテルのチャペルで夢の結婚式、的な位置づけだろうか。子供にとってはまさに夢の一日を演出される。

また家でのパーティーも多い。私の周りはだいたいヨーロッパ系の裕福な家庭が多いので、家も大きく庭も広く、プールがついていることも少なくない。そんな立派な我が家に人を招いてパーティーをする。だいたいそこにはピザ屋さんが来ていて、その家にあるＢＢＱスペースでせっせとピザを焼いてくれる。これだけの人数がおうちでシェーキーズ並みに食べ放題ピザを食べたら、一体いくら払ったらいいのか？　といつも疑問に思うが、もちろんそんなこと質問できない。おまけにちょいといなせなローカルブラジル人のお兄ちゃんウエイターまで雇っている。彼は、「ピザいかがですか？」と、その風貌とはうらはらに、かなり紳士な態度でその辺りを歩き回ってはお客にピザを勧めている。もちろん可愛いブラジルお姉ちゃんも、お盆を片手に「コーラ飲みますか？」と聞いて回っている。ちなみに裕福な家庭でも、そうでない家庭でもブラジルではピザとコーラはどんな時にも欠かせないマストアイテムとなっている。ともあれなんだかアメリカンドリームの香りがするこの雰囲気は、どこかの会社の創立パーティーのようでもある。もちろんそこには最後にでっかいチョコレートケーキとバースデーソングがついてくるので、やっぱり誕生日パーティーなのだけど。

ヨーロッパ系ブラジル人の中でも、ドイツ系の家庭の誕生日パーティーはやや雰囲気が違う。私の主人がドイツ人だからというひいき目を差し引いても、確かに他とは一線を画している。

まず、だいたいお母さんやお姉ちゃんたちが大きいバースデーケーキを焼いている。豪華な売り物のバースデーケーキが主流な中で、手作りの趣が温かく感じられる。しかも、チョコレートだけどナッツが入っているクーヘン的なケーキを作る家庭もあり、ケーキの様子にもお国柄を感じ微笑ましい。ブラジルのケーキといえば「これはケーキなのか?」と思うほどスポンジ部分が少なく、ほとんどがそのスポンジの間に挟まれたクリームを食べることになる（あるいはクリームの間にスポンジが挟まれているという方が正しいかもしれない）。しかもそのクリームは日本でいうところの練乳とキャラメルを合わせたような濃厚なもので、それがあのキャラメルサイズではなくケーキサイズで皿一杯に盛られるのだから、誕生日会があった日には我が家の双子でさえ「チョコレートケーキのことなんてもう話さないで!」というほど気持ち悪くなる（そのくせ毎回かなりがっついてケーキを食べて来る）。そんな強力なチョコレートケーキを2~3歳から食べているブラジル人は、ある意味ですごいなぁと尊敬したくなる。

ドイツ式誕生会はゲームが好きなお国柄のせいか、だいたいみんなでゲームができるようにしている。そのあたりも私の知る限りとてもドイツらしいと思う（というかシュタイナーっぽいというのか?）。ロウソク飾りを作って持ち帰ってもらったり、みんなで宝探しをして見つけた宝をお土産にしたり。最後には誕生日ソングを歌って、ほんわかした雰囲気を味わう。ともあれ今まで体験したブラジルでの様々な誕生日会の中で、我が家のスタイルに近いのはこのドイツ式だと思う。

こんな様々な誕生日会でも、誕生日の歌はみんな一緒。ハッピーバースデートゥーユーのポルトガル語版に、途中でちょっとした合いの手のようなかけ声が含まれるところが何ともラテンの香りがして、私たちのお気に入りだ。

ブラジルの誕生会でいつも、「日本語ではどんな風に誕生日の歌を歌うの？」と聞かれる。「そういえば日本は誕生日ソングなんてないな」ということにはたと気がつく。英語の歌をカタカナ読みして歌って日本語訳にすらしていない日本人は、どうやら誕生日に気合いを入れてないらしい。ドイツでは英語の歌でなくオリジナルの誕生日の歌が存在するというのに。それによくよく考えてみると、日本の家庭ではこんなに盛大に誕生日会をやらない人の方が多い。ブラジルでも、また主人の話だとドイツでも、誕生日はとても大切でクリスマスと同じように家族皆が集まってお祝いする。ここではこのような盛大なパーティーにお父さんが仕事でいないなんて見たことない。それに比べて、日本はお父さんが休みを取れるとしたら盆暮れ正月だ。そして歌は、お正月やひな祭りに端午の節句というように、季節の節目のものならいくらでもある。また人が集まるのは冠婚葬祭、そしてやっぱり盆暮れ正月だ。そういう日本人を見ていると、私たちの文化というのは個人の誕生よりも、もっと大きな命の流れを重要視してきたのかなぁなんてぼんやり思う。誕生日より墓参りが大事な日本人。

こんな風にして、最近では暮らしの中で出会う文化の違いを見ることで、改めて日本という国を考えるという機会が多くなっている。

不便武勇伝

ある日、毎週恒例の、学校で開かれるオーガニックマーケットからご機嫌で帰ってきた主人。どうしたのかと思ってみると、袋からはち切れんばかりに白菜を抱えていた。その数8個。重さにしたら10キロほどになろうか。我が子より重たい白菜を抱えて、満面の笑みを浮かべ「キムチ作ろうよ！」と無邪気に笑うセバリン君。実はブラジルに来てから、我が家では簡単なキムチ作りを始めたのだけど、それがすごく美味しく出来て家族中で大ブームになっていた。その在庫が底をつき、そろそろ白菜シーズンも終わりそうなので、今が最後のチャンスと思ったらしい。ここでは漬け物の類《たぐ》いはお店で購入することはできないから、手作りキムチが作れることはありがたく、この暑さにスパイシーな辛みと程よく発酵した酸味のキムチはたまらなく美味しく感じられる。

白菜に大根、ごぼう等、ブラジルは日系移民が多かったおかげでありがたいことに日本野菜を普通に買うことができる。しかもうちの近所でオーガニックファームをやっている日系人たちがいるので、地産地消も実現している。その上白菜は8個で20レアル。日本円にすると1000円だから一個120円くらい。それだけでまったくご機嫌になってしまうのも無理はない。ここに来てからというもの日本野菜はあっても調味料や、微妙な食材、豆腐や生麺に漬け物、はたまた餃子の皮やこんにゃくやふりかけなどといった食材は簡単に手に入れることができないので、その度になんとか代用品を発明したり手作りしたりすることになった。キムチ作りもその延長線上にある。

昼下がりの台所はにわかに忙しくなり、夫婦で協力して山ほどのキムチをこしらえた。これでまた数ヶ月は家族で美味しいキムチを食べられると思うだけでうきうきする。日本にいたならキムチごときでここまで喜べなかっただろうし、こんな大量にキムチを仕込むことはめんどくさい以外にはなんとも思わなかったかもしれないなぁと思いつつ、特大タッパーを冷蔵庫にしまい込んだ。

そんな大仕事をした晩のこと、子供を寝かせ、大学で剣道をして帰ってくる主人を待っていると、急に外が騒がしくなった。夜なのに外が時折光り、風が吹き抜けるような音と共に雨音がした。嵐だ。本当にブラジルの嵐は突然にやってくる。たとえこちらがフロ上がりでパンツ一丁でも、「ちょっといいかしら。おかまいなく」とずうずうしくやってくる。物音に気がついた頃には時既に遅し。家の中は停電で真っ暗で何も見えない。周りで何が起こっているか、どれほどの嵐かと見に行こうと思ってもあかりがないなぁと思っていると、外で激しく何度も光る雷が、辺りの様子をまじまじと見せてくれた。「こりゃ大変だ」雷の嫌いな番犬ピコは既に庭から脱走しているらしい。吹き荒れる風と雨と雷はまだ暫く続きそうだ。

時計を見ると主人が帰ってくる予定の時間はもう過ぎているから、きっとどこかで足止めを食らっているのだろう。「やれやれ」暗い家の中をiPhoneの液晶で照らして懐中電灯を見つけ、散らかっている部屋をあらかた片付け、冷めた夕飯を片付けた。本当は子供を寝かしつけてからちょっと仕事をしようと思っていたのに、思惑はあっけなく吹き飛ばされたのだった。予定を1時間ほどオーバーして主人が真っ暗闇の中を帰ってきたころには、嵐は私たちに背中を向けて他の町へと足を延ばしていた。主人は「いやぁ大変だなぁ」と言いながら、剣道の疲れか嵐の疲れか、はたまた一日の疲れかをどっぷりとおろして真っ暗な食卓に着く。もう冷めきったお夕飯を温める元気もない時間なので、ロウソクの灯《ひ》のもとで冷めたお夕飯を食べてもらった。

ロウソクを囲んで一日を夫婦で振り返る。突然の嵐のようにやってきた白菜で大量のキムチを仕込んで、夜中には本物の嵐が来た。嵐のシーズンではないからロウソクも1本しか用意していなかったし、懐中電灯の電池の残りはいくらあるか怪しかった。いよいよこの嵐のシーズンがまた来るんだね、と夫婦で話しながら、「それでもロウソクがあって、冷めてても、疲れきった体に美味しい夕飯があって幸せだなぁ」と主人は話した。もうこういう嵐にもすっかり慣れた私たちは、こんな状況ですらありがたく冷静でいられることが嬉しかった。「そういえばそうだね」とここに来てからの数々の不便を夫婦で思い起こし始めた。

ここに来た時にはまず車が故障した。修理もどこに頼めばいいか知らなかったし、我が家は峠の上のほうにあったので町までも歩けなかった。その上私は臨月の妊婦だったんだ。それでもなんでもその状況を切り抜けた。車が直った時にはすぐさま保存できる食料を買い込んで、いつ何時このトラブルが発生してもなんとか生き延びられるようにしようと思ったのだった。この国ではこういうトラブルが起こっても、日本のような便利なサービスセンターなんて存在しないし、修理をしてくれるお店だって超適当だから、解決するまでにものすごく時間と労力がかかるのだということを、この時思い知らされた。まさしくブラジルの洗礼だったといえる。

ほっとしたのも束の間、シャワーが出ないことに気がつく。妊婦でようやくブラジルに到着したのに、ここでは真冬が終わろうとしていたこの寒い時期に私たちは温かなシャワーもろくにあびることができずに過ごした。そのあと無事に熱々のシャワーが全開で出るようになった時に、ベルリンの壁崩壊の時ほどの歓喜に包まれたのは一生忘れられないことだろう。そうはいっても我が家の温水は屋根に取り付けられた太陽光温水なので、今でも天気の悪い日には満足いくほど温かいお湯は出ないし、雨が続くとシャワーすら入れないような時もある。ほぼ夏日のブラジルなのでそんなに不便することはないのだけど、一応ブラジルの冬も結構寒いので、悪天候が続いて、あったかいシャワーが浴びられない時には、日本の湯沸かしシステムという物がどれだけ優れた物だったかと、懐かしく思い出されてならない。

赤ちゃんが生まれてからは、洗濯機が壊れたのに忙しくて直すことも買うこともできず、ひたすら手で7人分の洗濯をした。洗濯物は洗うのが大変というよりしぼるのが大変ということをその時初めて知った。サスティナブルな暮らし方の教祖的存在アリシア・ベイ＝ローレルの『地球の上に生きる』という本をもっと熟読しておくべきだったなぁと反省しつつ、そのあとに新しい洗濯機が到着した時には、三種の神器という言葉が頭を駆け巡るほど、文明の素晴らしさを痛感したのだった。

そしてインターネットがある時突然ぷっつり途絶えて、その後2ヶ月も放っておかれたこともあった。町中にある電話会社に1時間ほどかけて赴き事情を説明して、修理のアポイントも取ったのに2回もすっぽかされて、電話で質問してもまた会社まで行かないとらちがあかないと滅多切りされ、テレビもラジオもない我が家で唯一の世界とのコネクションを断ち切られ、捜索も打ち切られ、陸の孤島となった気分がしたブラジルの夏。不動産屋もお手上げというか親身になってくれないし、誰に相談しても誰も解決してくれないインターネット。もはや万事休すと思った時に、ひょんなことから我が家のインターネットのケーブルを辿《たど》ってみると、ただ単に接続が悪くなっていただけだったというばかばかしい結末にもう怒る元気もなかった。再び我が家でパソコンを付け、スカイプのマークがオンラインになった時には、シャンパンでも開けたくなるほど嬉しかった。それまでは大学のフリーワイファイを使う日々だったので、調べ物をしたくなると大学まで行かねばならなかった。だから自分の家でインターネットで瞬時に調べ物ができるということがとてつもなくありがたく、パソコンを開く度に夫婦のどちらかが「あぁなんて便利な」という台詞を吐くことが数週間も続いたほどだった。

そういえば家の中だけではなく近所でも問題は起こっていた。我が家のあるコンドミニウムに続く橋のケーブルが切れて橋が封鎖されたこともあった。その橋の先には家が40世帯ほどありそのうちの一つが我が家だった。その40世帯が力を合わせてテレビ局を呼び取材をしてもらい、政府と町の人々にこの不便を訴えかけて橋を修理してもらう為に署名もした。ブラジルに来てたったの数ヶ月で、私はブラジルのニュースに出てしまったのだった。後日YouTubeで見たニュースの映像に出ていた自分は、まるでコメディ映画の一こまのように滑稽《こっけい》で、現実味がなかった。あれだけ一生懸命やったにもかかわらず、結局いまだに橋は直してもらえず、仕方なく近所の牧場の土地を貸してもらって新しい道が出来た。それはたった一日で、いきなりでっかいダンプカー等が草も樹もなぎ倒して造ったのだから、ブラジルもやればできるんだ。いつもその勢いで頑張ってほしい。

極めつきはブラジルで初めて体験した嵐。ここの嵐は突然やってくる上にそうとう激しい。ちょっと雲行きが怪しいと思ったら、家に帰り洗濯物を取り込むか否かと悩んでいられない。そんな賭けはするべきではない。とにかくそのあとに嵐が来なくても家に帰る価値は十分にある。それくらい恐ろしい嵐がやってくる。ただこの嵐、ものの30分程度で走り去ることが多いので、恐ろしいけどまだ許せる。そうはいってもほぼ100パーセントの割合で嵐が来たら停電するのでやっかいだ。ある時にはあまりに強い嵐が来て、真夏に停電が3~4日続いたことがあった。停電は困ったけど、洗濯機が壊れたこともあったしパソコンが家で使えなかったことも経験していたので、困る家電は冷蔵庫だけだったが、我が家はあまり冷凍しておく物がなかったので助かった。けれど日に日に冷凍庫の霜が溶け水浸しになり、冷蔵庫の余冷も力つき、とうとう生温《なまぬる》い巨大な箱と化したのだった。こんな時は状況に逆らっても仕方がない。もうこの際だからと中身を全部出し、霜をきれいにし、すっかりリニューアルさせると、ほぼからっぽの冷蔵庫は隅々まできれいにされて、季節外れの大掃除のようで気持ちも晴れやかになった。こんな機会でもなければ、きっといつも色々詰め込まれる冷蔵庫はきれいにされる暇など与えられなかっただろうから、停電も悪くないものだ。

用事を済ませ、食事を済ませ、早々と寝室に入る生活が続いた。「眠くな〜い。つまんな〜い」と言っても電気がないから仕方ない。ただ一つできることは寝るだけ。本を読むライトも持ち合わせていなかったので、子供たちは7時には全員就寝。あり得ないほど静かな時間を大人だけで味わうのもなかなか悪くなかった。気がつけば停電の不便さを忘れ、ロウソクの灯で夫婦水入らずで晩酌をして、ややキャンプ気分を味わっていた数日はいい思い出ですらある。

こうして私たちは電気のない暮らしというのも何度か体験した。不便といえば不便ではあったが暮らしはゆっくりになり、無理をしなくなり、やや諦めに近い気持ちもありつつ、慣れるほどにそれはそれ、という気持ちもしなくはなかった停電。

様々な不便の総結集というべき停電を乗り越えてしまえばもう怖い物はない。

これらの体験をしてしまった今、私たちはもう「どこに行ってもやっていけるね」と話しているほどである。

「あれもない、これもない」という不便を乗り越えてしまえば、「あれもあるし、これもある」という気持ちになってくる。そしてあらがっても致し方のない状況ではただ流れに身を任せて暮らすのが一番と悟り、なんでもかんでも「まぁいいじゃん」という楽観に至るのだった。そうなるともう全てがありがたくて、万事幸せな気分になってしまうから、色々な不便というのは体験しておいて損はないかもしれない。

こうして再びいつ終わるともしれない停電の中、主人が冷めた夕飯を食べる傍らで、いくつもの不便武勇伝を二人で語りながら、「ま、今までいろいろあったけど今日も元気で無事だったから、よかったよかった」と一日が終わっていく。こんな気持ちになれるブラジルでの暮らしは、不便もあるけどやっぱりありがたい。

DIÁRIO 3

2014.6–9

2014 junho

野焼きにご注意

秋空広がるブラジル。日本の裏側でも秋の空は高く広い。空気もからっとして、さわやかな澄んだ風が気持ち良く、お洗濯物がよく乾くので私としてはとても嬉しい。

夏草が伸びきって、そこここの牧場では草を処分するために野焼きをしているようだ。牧場の草を刈るのは大変だから燃やしちゃおっか、ってことなのか。

とにかくここではよく、牧場や広い空き地が火をつけられて燃やされている。それがまた随分ワイルドなやりかたで、我が家の隣の牧場もある時、草を燃やすために火をつけていたのだけど、かなりの至近距離で燃やしてるから一瞬ほんとうに火事かと思ったほどだった。いや、火事にならなかったとは言え、煙に巻かれる我が家の様子は二次被害さながらだったと言えよう。そんなこと合法なのか？　ちょっとお尋ねしてみたい。

またある時には、我が家の向こう側に見える牧場を燃やしていたらしく、私たちの家からもはっきりと炎が見えていた。

子供たちは「あ、火事だよ火事だ！」と興奮していたが、「違うよ、ただ野焼きしてるだけでしょ、いつものことよ」と言って放っておいた。そしたらしばらくして消防車の音が聞こえ、向こうの丘に何台も消防車がやってきていた。子供たちは「やっぱり火事だったんだ〜！」と不謹慎にも嬉しそうに消防車の数を数えている。どうやら予想以上に火が強くなり、手に負えなくなったらしい。

次の日にその辺りを通ったら、牧場の横にある道路際まで真っ黒こげに燃えていた。その辺の小屋もいくつか燃えちゃったみたいだった。けれどここでは野焼きのやり過ぎは、「昨日飲み過ぎちゃったんだよね」というサラリーマンの二日酔い感覚で、さらりと過ぎていくのだった。

先日、極めつきに大失敗の野焼きを発見した。

学校の帰り道、大きな会社の向かい側にある牧草地。両側通行の一本道を挟んで右手に会社、左手に牧草地があり、牧草地沿いに誰でも車を停められる駐車場とおぼしきスペースがある。ここは朝には出社する人で片方の道が渋滞するほど車通りは多い。そしてこの駐車スペースにも、だいたいいつも車が停められている。

さて、帰宅途中、広大に広がる赤土牧場の焼きあとを見ると、あの駐車スペースとおぼしき場所も黒々と焼けているのが目に入った。なんとそこには、まるで映画の爆破スタントを終えたあとのように無惨に燃え残った車が二台放置してあった。

野焼き大失敗。

「あぁ、この車の持ち主は一体どうしただろう」

哀れでならない。

ブラジルではこんな風に、自分の身に降り掛かったら、と考えただけでも恐ろしくなるような出来事がわりと普通に転がっている。

本当に実際こういう被害にあった人は一体どうしているのだろう？　といつも不思議に思っている。

帰宅しようと思ったら車が燃えていた。なんてシャレにならないじゃないか。でも「歩いて帰れるから」とか言いそうでそれもある意味怖い。そういえば最近、ワールドカップ直前なのに交通機関が整っていないブラジルに対して、誰かが「こんな状態で観客の輸送はどうするんですか?」と問いただしたらしい。その時のブラジル政府の答えが、「あ、でもブラジル人は歩くのが好きだから大丈夫です」だったと聞いた。

そんな国だもの。体が元気ならなんとかなります、って本気で思ってそうなのだ。

ともあれ、冴え渡る秋空のまぶしさに焼けこげた車が目にしみる、晩秋のブラジルだった。

日曜日の風景

日曜日の朝、毎週恒例のオーガニックマーケットに買い出しに出かけるため、まだ寝ていたい自分に活をいれて布団から出る。

ブラジルは初冬。こんな時、コーヒーの香りに包まれながら自分のバッテリーが起き上がるのを待てればなんとなく格好つくのだろうな、と思いながらコーヒーが飲めない私はカーテン越しに犬たちが餌を待っている気配を感じつつ、既に朝焼けの終わった空を渋い顔で見つめる。

子供たちが一人また一人と起きて来る。寝起きで既にテンションの高い子、朝ご飯の気になる子、取りあえずハンモックに座って昨日と今日の境界線を越えたということを納得しようとする子。やっぱりまだ起きてこない子。

気配と気配が合わさりながら一日が始まる。どんよりと眠そうな空の日曜の朝。

けれどブラジルの天気は朝にどんよりと曇っていても、気がつくとあっという間に機嫌がよくなり、見事な晴れ間を見せてくれることも多い。

今日はどうだろう? と天気の心配をしていな

がらも、結局どっちにしたって洗濯機をまわさない訳にはいかないのだということに気がついて、急いで山のような洗濯物を洗濯機に放り込む。「ウ〜ン」と言いながら洗濯機も動き出す。洗濯機でさえ日曜の朝は億劫そうに働くものなのだ。

そうこうしてるうちに眠気も覚めて買い物の支度をする。さて、そろそろ行こうか。平日と違ってすいている高速を走るのは気持ちいい。私もここで運転が出来ればいいのになぁとふと思う。「早く免許を申請しないといけないんだよなぁ」と頭をよぎり、急に休日気分は興ざめする。よりによって日曜日に、ブラジルの役所仕事なんて、世界でめんどくさいことの三本の指に入りそうなことを思い出したくない。

気を取り直し、重たそうに沢山の実をぶらさげるアボカドの木を見つけては、誰が収穫するのか、それとも収穫しないのか、といった私にはおよそ関係のないことに思いを巡らしてみる。

いつもと同じ道を運転する主人となんということもない会話をしつつ、気分は再びいつもの日曜日に戻って来る。

20分ほど走ると、マーケットのやっている公園に到着する。野生のカピバラがそこここで見られるこの公園。

「日曜日　オーガニックと　カピバラと」

なんだか一句詠《よ》めそうな牧歌的な雰囲気である。

やや出遅れたのか既にマーケットはにぎわっている。小さい規模で数軒しかないマーケットだけど、ここでは大根に里芋、小松菜、かぼちゃにしめじ、にらなど日本の野菜をオーガニックで買うことができる。

ちらほらと聞こえて来る日本語と日本人客と、

ちょっとブラジルの発音になってる「caqui（柿）」やそのままの「小松菜」の名前に微笑ましさを覚えつつ、やや郷愁にひたる。

「小松菜はどうやって食べますか？」と聞いているブラジル人の奥様を横目に、「あ〜小松菜ね。知らないんだぁ〜」と、心の中でかすかな優越感を抱いたりもする。

ブラジルという海流と日本という海流が私の心の中で潮目のように合流する、このマーケットのカオス。

ほぼ一週間分の野菜と果物に加え、前回作ったキムチのおいしさに味をしめ、白菜を4個も買い、これまた前回あっという間になくなってしまったタイカレーペーストを作るべく、レモングラスにコリアンダーにと買い占め、気持ちがいいほど大量の野菜を積んで家路につく。

意気込んで買い占めた野菜たちを四苦八苦しながら冷蔵庫にしまい、よせばいいのにその上、三度の食事以上に料理をしようとする自分にあきれるのだった。

昼ご飯前の微妙な時間、今日は機嫌を直さなかったのか外は雨が降り出している。買い物から帰ってきた騒々しさも、天気の悪い日に閉じこもる子供たちのやかましさも、雨が全てを吸い込んでにわかに静けさと落ち着きが訪れる。

そのタイミングを計ってか否か、それとなく主人が「やろうか」と言って、本日の夫婦共同作業、タイカレーペースト作りが始まった。

ひたすらにんにくの皮をむくわたし。スパイスを計量する主人。ライムの皮。こぼれたクミンシード。しょうがの香り。薬剤師のように黙々と作業は進む。部屋中にアジアの香りが広がる。

にんにくの香り、ターメリックの黄色、ブレンダーは回る。

しとしとと寒空に降り注ぐ冬の雨のブラジルに、東南アジアの暑く湿った人懐っこい風が吹く。真夏の太陽をつれてくるような香りが全てを吹き飛ばす。

これだから料理はやめられない。

一言も言葉らしい言葉は交わさないが、阿吽《あうん》の呼吸が心地よい。カレーペーストの工程を共有しているだけなのに、こんなに夫婦関係が穏やかで刺激的で親密に感じられるのはなぜだろう。時折目を合わせてはその進み具合に、できばえに、「うん」とうなずき合う様は、どこか神事のような趣もある。

それぞれに進む一つの作業、一つの工程が二人の手によってなされ、ときどき確認され、ある時は一つの鍋で、ある時は一つのボールに、ある時は瓶に詰められ出来上がる。この工程は何かに似ているような。

こうして今日も大きな瓶にビッチリ詰まったペーストが出来上がる。私たちの達成感はクライマックスに至る。

アジアの香りを漂わせ、カオスと化した台所。シンクの辺りに散らかったにんにくの皮に、ターメリックの黄色がしみついたヘラ、心の穏やかさとは別に、戦のあとのような有様を眺める。どこか自分を見るようで親近感がわく。

気がつけば昼をまわり、おなかをすかせた子供たちが朝の残りの蒸したジャガイモをほおばりながら、ポルトガル語でふざけあう。

半年前には見られなかった光景なのに、もうすっかり前からここにあったような気がするのは、このしっとりと全てをなじませる雨のせいなのか。瓶をパントリーにしまって、カオスを片付けてしまうと台所はいつもの顔を見せる。

床に転がる4個の白菜に、今日は出番は回ってこないようだ。ふたたびアジアの残香漂う台所に立つ。さて急いで昼ご飯を用意しよう。

落ち着きと騒々しさと達成感と刺激的な香りを振りまく日曜日は、こうして過ぎていく。

Figurinha

ワールドカップ直前のブラジル。

道を歩けばどの店にもブラジルの緑と黄色の旗が翻り、スーパーに行けば応援グッズとおぼしき、やはり緑と黄色のラッパやメガホンなどが、すでに盛り上がりの序章を奏でている。

男の子はほとんどみんな、黄色いブラジルのユニフォームを着て遊んでいるが、うちの双子は本人たちの希望で、日本代表のブルーのTシャツにドイツ代表の白地のTシャツを着ている。私はてっきり皆と同じブラジルのユニフォームを欲しがると思っていたのに、意外にも双子くんにも日本人としてのプライドがあるらしい。そしてそれと同じくらいドイツという国に親近感を抱いているらしい。

僕たちの国、日本とドイツ。それはつまり私たち家族のことなんだろう。

誇らしげに日本とドイツのTシャツを着て、二人対になってブラジルチームに立ち向かう姿が愛らしい。

ちなみに一番おちびは一応ブラジル人なので、一人前に黄色いブラジルチームのTシャツを着ている。

青、白、黄色。三色のユニフォームが揃った。

日本、ドイツ、ブラジル。

今ではそのどれもが我が家のような気持ちがするのだ。

子供たちは小さい子も大きい子も数人集まれば、「オレ～オレオレオレ～！」と言いながら、どこかで見たかっこいい選手のマネをして、サッカーゴールもない草っ原で日が暮れるまでサッカーに明け暮れる。

子供の模倣とはすばらしいもので、近所の子供なんてまだまだおちびのくせにゲームの中で一人前にファウルをして、やってない！　と言い張って、あの独特の大げさな身振り手振りで「そんなばかな！」というジェスチャーまで再現し、大人顔負けの白熱したプレーを見せてくれる。

あまりの白熱したプレーにフェアな日本人プレーヤーの双子は、本気で「あいつらずるいんだぁ」と泣いて帰ってきたことさえある。たかが子供のサッカーとあなどれない。さすがサッカー大国ブラジル。

けれどこうやって世界の広さを知るのもいい勉強になるのだろう。

子供がこれだけお熱なのだから、大人だって黙っちゃいない。大事なゲームがある時は大学も休みになったりしているらしい。サッカーを中心に仕事や学校のスケジュールが組まれてしまうのは、きっとブラジルだけなのではないかと思う。

そして今一番ホットなのが「フィグリーニャ」と呼ばれる、各国のサッカー代表選手の写真である。

「アウブン」とよばれる一冊の本にワールドカップ出場国全てのページがあり、そこに写真シールをはって本を完成させる。チョコか何かのおまけについているものもあるのだけど、主には文具店にて1レアルで5枚一組の写真を買う。どうしてこういう類いのものは、いつも文具店で取り仕切られているのだろうと、懐かしい疑問がふと頭をよぎる。うさんくさい文具にまぎれて子供が小銭を握りしめフィグリーニャを買いに来る、はたまた大人がポンと20レアルを出して大人買いをする姿は、いつかどこかで見たことがあるような光景だ。

このフィグリーニャ、全部を完成させようと思うと、総勢600人とも700人ともなる各国のサッカー選手の写真を集めなければならない。しかも5枚一組の中にいつも別の人が入っている訳ではないので、ダブるカードも沢山出て来る。そのダブったカードはヘピチーダと呼ばれ、みんなそれを元手に友達と交換をしてこの本を完成させていく。もうかれこれ数ヶ月この作業が続いていて、学校ではみんなフィグリーニャの話題で持ち切りだ。学校の帰りにはみんなこの本を広げてヘピチーダを交換する。それがまた子供だけでなく、大人も一緒になって、はたまた学校の先生も一緒になって熱心にフィグリーニャ交換をしているのである。

まがりなりにも、我が子たちが通っているのはシュタイナー学校だ。シュタイナー学校といえば、キャラクターグッズや一般のメディアとは縁が遠い存在として日本ではよく知られていると思う。ところがどっこい、ブラジルはひと味違う。お国柄のせいかフィグリーニャは大歓迎。もちろん反対する人もちょっとはいるようだけど、先生だって「フィグリーニャ大歓迎ですよ！」と宣言した。

普通なら「学校に関係ない物は持ってこないでください」と言われそうなものだが、さすがブラジル。

先生曰《いわ》く、「フィグリーニャを通して、自分の学年以外にも生徒同士が多くの人と交流をしているのは大変よろしい」ということらしい。

なるほど。そういう考え方もあるか。価値観ってのは本当に様々だ。

ともあれそんなおふれが出たものだから、学校だから、と控えめにしていた我が子たちも、このフィグリーニャ交換にいよいよ熱心に参加するようになった。

実は私はこういうカード集めが苦手で、日本にいる時はあまり子供にやらせていなかった。そういう自分の子供時代にはビックリマンチョコというのがあって、熱心にシールを集めたものだったのだけど（子供が知ったら文句を言われそうだが）。こうして子供たちに我が家で初のカード集めを許してみると、「いやぁ、そりゃ楽しいよね」と、ついこちらも夢中になってしまった。5枚一組のカードを買って家で袋を開けるあの瞬間。車の中で袋をすかして中を見ようとしたり、もうこの際開けちまえ！という衝動に駆られたりしつつ、帰宅の道を急ぐあの興奮。いよいよ家に着いて鞄を放り出して、兄弟頭をくっ付け合ってフィグリーニャの袋を開ける。

「あ！やった！ブリリャンチ！（キラキラのカードをこう呼ぶ）」

「え？　見せて見せて〜」

「なんだぁ、こいつもういっぱい持ってる〜」

（これ！　外国の選手に向かってこいつはないでしょ！　と突っ込みたい気持ちをぐっとこらえ

る）

などなどもう文具店に入ってフィグリーニャを手にした時からのドラマチックなことといったら、1レアルをかける価値は十分にあるといえるだろう。

そして私はしばし懐かしのビックリマンチョコシールの思い出に浸りながら、「今の時代はワールドカップかぁ、ちょっとかっこいいなぁ」なんて思うのだった。

しかもこのカード、700人近い人を集めるにもかかわらず、子供たちは袋に入った写真をひとたび見ただけで「あ、これ持ってる！」「あ！このひと持ってないやつだ！」と分別するので面白い。彼らはどうやら700人近い見たこともない外国人プレーヤーの顔をすっかり覚えているらしい。ちょっとした神経衰弱じゃないか！　と思いつつフィグリーニャを通して、子供の観察力が鍛えられるのも悪くないと思ったりする。

子供はどこでどんな形で勉強をしているかわからないものだ。色んな経験を通して若い脳みそは発達していくんだな、とまじまじ思う。

けれどもちろん歓迎される知恵だけではない。我が家の隣に住んでいるおじさんがよくフィグリーニャを買いにいくので、近所の子供たちはみんなその家でおじさんを待ち受けて自分のおこづかいを渡して買ってもらう。まるでマフィアの麻薬売買のようである。

まぁそこまではいいのだが、あまりのフィグリーニャ欲しさに子供たちは朝となく、昼となくおじさんの家に押し掛ける（あれ、やっぱり麻薬の売買みたいじゃないか）。

カランコロン!! と門についてる呼び鈴を日曜

の朝6時半頃から鳴らしまくり、「Inácio!（イナーシオ！）」（おじさんの名前）としつこく呼ぶ。出てこないとまたカランコロン‼

野生の猿には餌付けをしてはいけないというが、7歳以下の子供にも餌付けはしないほうがよさそうだ。近所の5歳の子供がそんな風にするもんだから、うちの双子も一緒になって「Inácio!」と叫んでいる。

（こら！　イナーシオって呼び捨てにしない！）

（こら！　君たちはもう9歳でしょ！　人の家に行っていい時間といけない時間くらい分別しなさい！）

ここに来てからというもの、こうして近所に頭を下げっぱなしでもある。とはいえ、気のいいブラジル人。子供が愛されるブラジルではみんな大変よくしてくれて、もう片方のおとなりさんは子供たちのためにわざわざフィグリーニャを買ってくれるし、近所のおじさんたちも、「うちにフィグリーニャ交換に来ないかい？」と子供たちを誘ってくれる。

子供も大人もご近所も、知らない人も老いも若きも、サッカーでフィグリーニャでつながっていく様を見ると、あの学校の先生が言ってることもまんざらではないなと思うのだった。

ワールドカップ開幕間近。未だ我が家のアウブンは完成していない。あと100人を切ったようだが会期中に完成できるのだろうか。既にぼろぼろになりつつあるアウブンを引っさげて今日も双子は学校に行った。

そして今日の帰り道もきっと1レアルを握りしめ、あの怪しげな文具店にフィグリーニャを買いにいくことになるのだろう。

うどん

昼ご飯にうどんを打つ。夜ご飯に麺を仕込む。

ブラジルに来てから私の台所仕事に麺作りが加わった。はじめはなんかめんどくさそうな気がしたのだけど、中華麺の作り方を見ていたら、中国では小麦粉でいろんな物を作ることを知った。

そういえば当たり前ではあるけれど、肉まんなどの蒸し物や、餃子、そしてラーメンに和え麺など、全て小麦粉から作られている。そんな家庭料理のあり方を見ているうちに、麺というハードルがグンと下がった気がしたのだ。

日本人が毎食お米を炊くように、中国では毎食麺を作る、粉をこねる。なんだ、私たちと一緒じゃないか。自分の習慣は簡単そうに思えるのに、やったことのない人の習慣は難しそうに見えるものだ。けれど一度それが板についてしまえば習慣となり当たり前になる。その一歩を踏み出すか留まるか、それだけの違いだ。

そうはいっても毎食はできないし、お米の方がはるかに体になじんでいるけれど、「あ、今日はうどん作ろっかな」という言葉が気軽に出てくるようになるのは嬉しい。

しかもうどんってやつは、繊細じゃないからありがたい。粉をわしわしこねて、寝かせてまたのばす。切るのだってなんとなく同じになればいい。蕎麦のように麺が均一でなくてもおいしくできるからありがたい。

私たち夫婦は二人とも麺を打つのだが、私は断然うどん派だ。そして主人は断然蕎麦派。性格の違う夫婦っていうのはこういうところでも役に立つ。

というわけで最近はもっぱら私が麺担当となり、わしわし粉を捏《こ》ねておる訳です。

またそんな新しい習慣の背中を押してくれたのはブラジルの食事情もあるだろう。私の住んでいる街ではそんなに日本の食品を買えないし、乾麺はあっても生麺、中華麺、ましてやうどんなど売っていない。

はじめはなんて不便な街なんだ！　とがっかりしたものだけど、そういう時こそ発想の転換。ある物で作ればいいじゃんってことになる。

追いつめられれば結局人は何でも出来るんだろう。昔の人がクリエイティブでいられたのは物がなかったからだなんて聞くけれど、それは本当だなと最近よく思う。ハングリーであるということは自分を飛躍させてくれるものだ。実際、本来怠け者の私もこのハングリー、不便という状況のお陰で随分いろんなことができるようになった。

こうして麺を自分で作るのが楽しくなってきたのもこの不便の賜物《たまもの》。ありがたきブラジル不便ライフ。しかもコシのあるしっかりした出来たての麺を食べられるこの幸せ。自分の手で作ったという達成感。

ビバ不便。ビバ小麦粉。ちまたではグルテンフリーなんてことが流行《はや》っているし、アンチエイジングには粉物が大敵だってこと、百も承知だけど自家製麺にはそれをしのぐ魅力があるのだ。

こうして今日の昼もうどんをこしらえた。ただのザルうどんなのにみんなどんどん食べる。４人前で６００gのうどんを作ったのだけど、予想より無くなるのが早い。なぜかと思ったら、赤ん坊と思っていた一番下の坊やも、エンドレスでうどんをほおばっていたのだった。もう彼も一人前に勘定しなくてはならないのだろう。

一体これから一度にどれくらいうどんを打ったらいいのだろう?

途方に暮れるような気持ちと、どこか奥深く満たされるような嬉しさとともに、今日の昼ご飯は過ぎていった。

ワールドカップ

いよいよ待ちに待ったワールドカップが始まった。

思えば2013年、「ブラジルという国に引っ越すことになりました」と子供たちに告げた時に、外国を全く知らない子供たちが様々な「つて」を基に集めて知り得たブラジルに関する唯一の情報が、「2014年ワールドカップ開催国」だった。

ワールドカップの意味は知らない。ブラジルの場所も知らない。サッカーのルールもよく知らないけど、なんかかっこいいじゃん。双子はそう思ったのだろう。

そして友達の「いいなぁ、ワールドカップ見られるじゃん～」という半ばいい加減な情報もあいまって、「そっか、みんなうらやましいのかぁ、じゃいいか」という感じで、双子の坊やはすっかり引っ越しが嬉しくなってしまったのだった。

また友達からのお別れのお手紙には、「ワールドカップを見に行ったらネイマールのサインをもらってきてね」という無邪気な期待まで寄せられていた。

「俺、ブラジル行ったらサッカー見に行くんだ! それでサインももらうんだ!」と張り切る双子を横目に、ブラジルに引っ越したからといってそう簡単にゲームのチケットを手に入れられる訳もなく、ましてサインをもらうなど到底無理だろうなんてことは、当時は口が裂けても言えなかった。

この淡い男の約束をどんな形で果たしてやることができるのだろう？　そんなささやかな悩みを抱きつつ、私たちはブラジルの地に降り立った。

あれからもうすぐ一年。そしてとうとう始まったワールドカップ。

未だサッカーのルールすらはっきり理解していないにもかかわらず、このブラジルの沸き立つサッカー熱に飲まれ、私たちも待ちに待ったサッカーを観戦することになった。もちろん、テレビでだが。

試合は夕方5時からキックオフ。当日の朝には「今日は午後に友達の家でみんなでサッカー見るからね！」と早々に予告しておいた。子供たちも「今日なんだ！　わかった！」と嬉しそうだ。うきうきしながらアウブンを手に、今日のゲーム、ブラジルとクロアチアの選手を眺める。

「こいつかっこいいんだよね～」「ネイマールいいよね～」と試合など見たことないくせに、何となく知ったかぶって会話をするのがかっこいいと思ってる男子陣。それを横目にまだ仕上がらないアウブンの写真をカウントしている冷静な女子陣。

学校への通学中に通る高速道路にも、ブラジルの国旗を掲げた車がその日は特に沢山走っていた。試合への期待と士気が漂うブラジルの街。

子供を学校に送り届けてからは、夕方のスナックを作る材料を買うためスーパーに出かけた。駐車場の入り口にいるおじさんは「いらっしゃいませ」でも「Bom dia（おはよう）」でもなく「今日はワールドカップだよ！　お店は早く閉めちゃうからね！」と言った。

なんだか買い物をしにきて悪かったなぁ、という気分になりつつ店の中に入ると、店内はいつもより人が少なく、品物も少ない。みんな既に応援の準備態勢に入ってるのか？　試合当日にあわててスナックの用意をするなんて野暮なことするのは、私たち外国人だけなのかもしれない。既に閉店前のような静けさと、いつもと違う様子を見せるスーパーの佇まいに、私たちも「こうしちゃおれん！」という気持ちになり、さっさと買い物をすませて家路を急いだ。

そしてまた帰宅の道すがらも、ブラジルの国旗が街の至る所で増殖しているのを発見したのだった。

昼に子供を迎えにいくと、生徒の数割が黄色いTシャツを着ているのが目に入った。もちろんブラジルのユニフォームだ。事務のおばさんも、お迎えにきた親御さんでも何かの目印のように黄色い。

スクールバスにもよく見るとブラジルの緑の国旗がデコレートされ、お迎えの車にも国旗がデコレートされているものが何台もあった。

子供たちの中には、顔にブラジルの国旗をペイントして授業を受けた子もいたと聞いた。シュタイナー学校でも、ワールドカップのムードは盛り上がりの絶頂を迎えていた。

帰宅すると急いでスナックの準備にとりかかる。お祭りにはおいしい食べ物がつきものだ。みんなでテレビの前に集まり、サッカー観戦しながらビールを飲み、フィンガースナックをつまむ。これがブラジルの観戦スタイルらしい。

私は手でつまめるものをと考えてのり巻きを作ることにした。

ブラジルサッカーとのり巻き。中身はツナとマンゴー。なんだか村上春樹の小説に出てきそうな組み合わせだ。悪くない。

たっぷりののり巻きを作り終わり、めまぐるしく準備を終えると、既にゲームの30分前だった。まだサッカーを見ていないのに、なんだか忙しい一日だったなぁと思った。

本場ブラジルでサッカーを見るのも楽じゃない。テレビで試合を見るなんてもっと気楽に考えていたのだが、ブラジル人たちの試合にかけるあまりの情熱に私は緊張していた。当のブラジル人はシリアスではあるけれど、もちろん緊張している訳もなく、みな楽しそうに盛り上がっているのだが、それだけにその輪の中でこの波に乗り遅れないようにせねば！　とのプレッシャーがあったのかもしれない。

それともブラジル引っ越しの頃からささやかれていたあのワールドカップが、ついに目の前で開催されるという現実にやや困惑していたのだろうか。ともあれ大急ぎで車に乗り込み友人宅へ車を走らせた。

家を出ていつもの赤土の牧場の道を走る。急いでいたってスピードはいつもと同じだ。

空気はぴんと澄んで静けさが辺りを包む。いつものような夕飯前の騒々しさは微塵も感じられない。家々のドアは閉ざされひっそりとしているが、そこには確かに息を潜ませた人の気配があった。おそらくどの家も、もう目の前に近づいている開戦前の興奮をテレビの前で握りしめているのだろう。

目の前にはただの一台も車のいない赤土道を走りながら、「関ヶ原の合戦の時ってこんな雰囲気だったのかなぁ」とふと頭をよぎった。この空気感は歴史的な大戦のそれに匹敵するのではないだろうか？　知る由もない疑問を抱きつつ、この不思議な雰囲気をひしひしと味わいながら、これほどまでに緊迫した空気をブラジルに来てから感じたことはなかったと思った。

友人宅まで車で10分ほど。その道を何台かの車とすれ違った。ローカルのブラジル人のかなり年季の入った角張ったデザインの車には、後部座席にもすし詰めに人が乗っている。どう考えてもこの人たちもサッカーを観戦するために友人宅へ急いでいるのだろう。

「お互い、急ぎましょうね、もう時間ないですから」と心でつぶやきながら、それぞれ目的地へ急ぐ。

そしてまたやはりぎっしり人が乗っているローカルブラジル人の車に出会った。次にはカップルの乗っている車、国旗のデコレートしてある車。

今ではもう、どの車を見ても間違いなくこれから誰かの家に集まって試合を見るのだという気がしていた。どの車も急いでいるように感じられた。

テレビを持っていない人は友人の家に集い、持ってる人もどこかに集まり、誰かの家で、はたまた街角のパブで、カフェで、大勢でサッカーを見ようとしている姿に、昔に話で聞いたことのある力道山の試合を、街角の電気屋で黒い人だかりを作って応援していた時代の日本人の姿を重ねた。あの頃の日本と今のブラジルと、どこか通じるものがあるかもしれない。

いよいよ到着した家には、ブラジルの黄色のTシャツにブラジルスタイルのスナックを準備する友人の姿があった。それを見てなんだか一気に緊張は解けて、サッカー観戦準備は整った。

あっという間に試合は始まり、とにかくゴールを決めそうになるたびに一喜一憂しながら、美味しいスナックをつまんで、わいわいと時間は過ぎていった。

そんな大人を尻目に、あんなにワールドカップと騒いでいた双子たちは、まだまだ人のプレーを観戦するよりも自分がボールを追いかけている方が楽しいという感じだった。むしろテーブルに並んだ我が家では見かけないジュースのいろいろに舌鼓をうつ方に忙しかった。

そして期待通りブラジルは一勝をもぎ取った。期待通りに物事を進めることへのプレッシャーをはねのけ、勝利を当然とするほどにブラジルは強いのだろう。

サッカーのことはよくわからない私でも、試合はとても面白かった。ブラジルだけでなく対戦したクロアチアもすばらしかった。クロアチアのゴールキーパーが画面に大きく映った時、その目はまるで侍のようだった。決死の覚悟で、おそらく本当に「命を懸けて」試合に挑む人の目をしていた。

やはり関ヶ原の戦いに勝るとも劣らないゲームが、ここで繰り広げられているのではないだろうか。いつの時代にも本気で戦う人には心を打たれるものなのだ。

試合が終わると子供たちはすっかり眠くなっていた。

祭りのあとには、街灯もない真っ暗なこの小さな町のあらゆる場所から叫び声や笑い声とともに、勝利を祝う鉄砲のような花火の音が鳴り響いていた。

そして空には図らずも、いよいよ満月になろうかというどっぷりとした大きな月が輝いていた。

こうしてブラジルでワールドカップが始まった。

これから約一ヶ月、国中を魅了するワールドカップという名の盛大な祭りが繰り広げられることだろう。そして本当に今ここでその場に私たちはいる。

フェジョアーダ

若い頃はよく色んなレストランへ行って、イタリア料理だのフレンチだのタイ料理だのとあれこれ食べていた。

どこの国の料理もとても美味しくて、フランスパンを食べてチーズを食べてワインを飲んで「あ～毎日でもいいわ！」と思ったり、いまでもタイ料理のスパイシーさは大好きでパクチー毎日でも！　とか思ったり、インド料理も大好きで食べにいくといつも「インドに住みたい！」とか思うんだけど、結局どこの国のご飯も一週間、いや3日も食べ続ければ「やっぱりもういいです」と思うのがオチだった。

やっぱり日本に住んで、日本にいれば御飯と味噌汁ほど美味しい物はなく、毎日食べても飽きない最高の献立だと思ったものです。

そしてここブラジルにも、そんな御飯と味噌汁に匹敵する最高の献立があるのです。それは、フェジョアーダ。豆の煮込みに細長いタイプの米、コーヴィというキャベツより固い葉っぱの炒め物コーヴィマンテイガ（コーヴィのバター炒め）に、バタタパーリャというポテトチップの細い物をトッピングし、オレンジを添えて出されるこのメニュー。多少の差はあれど、だいたいどの家庭でも一日のどこかで必ず食べられる、御飯と味噌汁定食のような物です。

味噌汁は魚で出汁をとるけれど、フェジョアーダは豆にベーコンや牛肉をちょっと加えて煮込み、出汁代わりにして作ります。コーヴィのバター炒めはほうれん草のおひたしのブラジルバージョンという感じでしょうか。

どれも日本に比べると油も多いし、ガッツリしてるのですが、ここブラジルで食べると不思議とちょうどいい。というかとっても美味しいのです。

そうはいっても、基本菜食の我が家では、はじめはなんとか菜食バージョンで作ってみようとやっていたのですが、なんだかそういう工夫がかえってこの美味しさの何かを壊してしまうような感じがして、思い切ってこの本物バージョンを作ってみると、なんだかすかっとした美味しさがあって、ブラジル！　って感じがしてとても好きになりました。

ここに来た当初は御飯と味噌汁をよく食べていたのですが、最近では味噌汁とフェジョアーダが半々くらいの割合に。

「今日の昼ご飯何？」の質問に、「今日もフェジョアーダだよ」と答えると「いえ〜い！」と喜ぶ子供たち。

日本では毎日味噌汁、ブラジルでは毎日フェジョアーダが最高だ！

風土にあった食べ物、その土地の伝統食ってやっぱり美味しいなぁと思うのでした。

アボカド

待ちに待ったアボカドの季節到来。

いつも通りかかるところの道沿いで、木々にたわわにアボカドが実っている。通るたびに「一つ捥いでみましょうか」という気分になるのだが、一応柵で囲われている誰かの敷地なので「やっぱりだめよね」と自分に言い聞かせあきらめる。

外国にいると良くも悪くも、いつもの自分の常識のたがが外れるようなことがある。例えば日本にいたなら絶対食べないようなジャンクフードも、率先して食べてしまえる。

いつもなら絶対しないのに、なぜか心が緩む外国暮らし。そんな日常と非日常の狭間《はざま》で、つい他人の柵の中のアボカドを捥いでみたくなる今日この頃なのだ。

あぁ。いけないとは分かってるのに、目はアボカドを捕まえる。

あんなに実っているのに誰も見向きもしない、この柵の中のアボカドパラダイス。誰が収穫するのか、それともしないいままなのか。行く末が気になりつつ今日も後ろ髪を引かれながらその場を立ち去る。

そんな酷い一目惚れのようなアボカドの旬。いつか家をもつなら絶対1本植えようと心に決める。ほかにもマンゴー、パッションフルーツ、ジャボチカバ、バナナも絶対、と夢は膨らみ想像は遥か彼方へ歩き出す。

そうこうしながら、甘く苦いアボカド熱の時間を噛み締めていると、仕事帰りの主人が友人の家から山のようにアボカドをもらってきた。渡りに舟とはこのことか。

「まぁ、こんなに沢山!」遠距離恋愛中の恋人がやっと再会したような喜びに心を躍らせながら、ずっしり重たいアボカドをかごのなかに納める。

まだブラジルに到着したばかりのころ、旬の終わりを迎えたこのアボカドを近所の女性から頂いたのを思い出す。日本で見る物の3倍も4倍もあるかと思われる、大きくずっしりしたアボカド。クリーミーで甘く、ねっとりとした油を含み、かつフレッシュなプラーナを放つこのアボカドに、それまでの概念を覆されたような思いがしたものだった。

それが目と鼻の先の庭で、もちろん無農薬無肥料で、ブラジルの照りつける日差しと大粒の雨を吸い込んで、こんなに立派に育つのだ。そんな自然の恵みの驚きと喜びを初めて直に体験したのもこのアボカドだった。

その頃、彼女の庭のアボカドの木には、今期最後の力を振り絞ったようにわずかな実がぶら下がり、旬の終わりを告げていた。それでも初めてアボカドの木を見た私たちは大興奮していたし、子供たちは木に登り、身をかくすように穫られにくそうな場所に残されたいくつかの果実を収穫させてもらい、大喜びしたのだった。

あれからもうすぐ一年か。

初めて見る旬真っ盛りのアボカドの木には、何だか想いがひとしおだ。

私たちもこのアボカドのように、自分の内に毎年果実を実らせていけるだろうか。

こうして次から次へと、季節ごとにたわわに実るブラジルの木々に、私は今も魅了され続けている。

6月のまつり

ワールドカップまっただ中ではありますが、ただ今こちら一足お先に冬休みに入りました。

冬だけど真夏のような太陽輝く6月には、学期末最後に「サンジョアンの祭り」が学校でありました。日本のシュタイナー学校ではヨハネ祭とされるお祭りで6月の祭り、火の祭りとも呼ばれます。一年の中で一番大きなお祭りで、準備にも気合いが入っていました。

ちょっとご紹介したいと思います。

何をするにも食べ物がたっぷりないと始まらないブラジル人。おなかをすかせている、ということはあり得ないのです。というわけでシュタイナー学校恒例の親による手作りケーキの販売に私も献品しましたよ。

何作ろうか？　と考えてブラジルの伝統的なケーキ「Torta de Banana（バナナのタルト）」を作ってみました。

一番人気なのはボーロジセボーラという人参ケーキなのですが、それが人参というよりは、黄色いケーキにチョコレートがたっぷりかかっているというしろもので、人参の味など全くしません。

そう。ブラジル人はチョコレートが大好き。チョコレートの使われていないケーキなんか見向きもしない……と言っても過言ではないほど。

そんななかで私のタルトは大丈夫だろうか……と心配していたけど、開店間もなくに、私のケーキを持って歩くおばあさんを発見！　やっぱりブラジルでもお年寄りは渋い味がお好み。ほっと胸をなでおろしたのでした。

さて、おいしい物をたっぷり食べていざ、祭りがはじまります。

そうそう。今日のメインはサンジョアンという神様ですから！

まずは双子たちのいる3年生が神様を連れてきます。長い竹竿をかついで、ギターに合わせてみんなで歌を歌いながら学校中を練り歩きます。子供たちの前後でギターを弾いたり楽器をならすのは、親御さんと先生。大人も子供も一緒になってお祭りが始まります。古今東西やっぱり祭りは練り歩きなんだね！　となんだか親近感。

沢山の人を引き連れてとうとう広場に竹竿が立ちました。「ビバ　サンオジョアン！」のかけ声に祭りは一気に盛り上がります。

このお祭りは収穫祭の一つでもあるようで、独特のカントリースタイルの洋服を着た人が沢山いました。男の人はデニムのオーバーオール姿、女の人はカントリーガール風。軽く50歳を過ぎていようかという女性も、フリフリのミニスカートのカントリーガールドレスを着て踊りまくっている姿に圧倒されつつも祭りは続きます。

このお祭りの最大のイベントは各学年ごとのダンス。歌と踊りが大好きなブラジルならではという感じで、どの学年も気合いが入っていました。それぞれブラジルの伝統の踊りや世界の踊りを衣装を着て披露します。

双子のクラスは女の子と男の子が一緒にダンスを踊りました。3年生だとまだまだ男の子と女の子が無邪気に踊っててかわいいのです。

そして祭りで何を踊るか最後まで教えてくれなかった次女が、はじけるほど踊っていたのに、「こんなキャラだったのね」としばしボーゼン。

最後はさすがの長女。アフリカの踊りだったのですが、棒を使ったり、ソロのダンスがあったりと複雑なダンスは高学年ならではのものでした。

親御さんと話していたら、このお祭りが楽しいのは、毎年踊りも成長しているからだと言っていました。1年生の頃はちょっとステップを踏むだけの簡単な踊りを先生と。それが学年が上がる毎に少しずつ複雑な踊りをするようになり、「あぁ大きくなったなぁ」と思うそうです。

確かに全学年を見ていると、小さい学年のかわいらしさ、大きな学年のすばらしさのコントラストがとても楽しかったな。

全ての学年が披露を終えて、空はすっかり夕暮れに。しかし。あ～楽しかった！ というのはまだ早い！ ここからが祭りの本番？ というべきか。広場に積み上げられた薪に火を付けて、キャンプファイヤーが始まっていました。

教師による火の儀式のあとには大きな焚き火が。さぁここからが祭りだ！ といわんばかりに老若男女、火を囲んで踊るは踊る！ バックは先生や親御さんによる生伴奏。ぐっとブラジルの雰囲気が漂います。

ボサノバあり、なんだか知らないけどブラジルの歌あり。祭りはいよいよクライマックス。そんなこんなで恥ずかしいなんて言ってる場合じゃないです！ これは。ブラジルのForroという、踊りかなんだか知りませんが、とにかく子供たちも大人もみんな火を囲んで踊り狂います。その姿に、まさに「ブラジル！」を感じつつ、真冬ではありますが、真夏の太陽のようにほとばしるブラジル人たちの底抜けの明るさを見るような、歌と踊りを楽しむ姿に祭りの神髄を見たような気分がした6月の祭り。

今年も実り多き年となりますように！

「ビバ　サンオジョアン!!」

2014.JULHO

台所の思い出

夕飯どきに味噌汁を作っていると、ネギを刻む音に次女がやってきた。

「ねぇ、お母さん。どうやったらそんな風に速く細かくネギを切れるようになるの？」

「それはね、毎日料理してたらそのうち出来るようになるんよ」（これ、大分弁です。私の母がこういうしゃべり方をするんです）

そう答えると、次女は嬉しそうに微笑みました。

「実はね、お母さんも子供の頃にお母さんのお母さん、つまりあなたのおばあちゃんに同じことを聞いたことがあるんだよ」

そう言うと次女はまた嬉しそうな顔をしました。

「それでね、その時におばあちゃんは今言ったように、毎日料理したらそのうち出来るようになるんよ〜って笑いながら答えたんだよ」

するとますます嬉しそうに次女は笑いました。

「だからね、あーちゃん（次女）も大きくなってお母さんになって子供が生まれて同じ質問をされたら、毎日料理してたらそのうち出来るようになるんよ〜って言ってあげてね」と私は言いました。

すると次女は恥ずかしそうにはにかんで、どっかに行ってしまいました。

「毎日料理してたらそのうち出来るようになるんよ」

子供にとってはたいそうなワザに見えるネギ刻み。とんとんと小気味よい音にリズミカルな包丁さばき。自分が出来ない分、母の手元は魔法のように見えたものでした。幼い自分には到底無理だと半ば諦めていたその魔法が、「そのうち出来るようになる」と笑いながら母が言ってくれたことで、とても嬉しくなったのを覚えています。「わたしにもいつか出来る日がくるんだ」

その思いはもしかすると「いつか私もお母さんになる日がくる」という思いと同じだったかもしれません。

そして今、あの頃と同じ年頃に育った次女と、あの頃と同じ会話をする母になった私。思いがけず台所の思い出が紡がれた夕暮れでした。

豆腐と日本

大好きな穀物コーヒーにまったりとした豆乳を注いでお茶の用意をする。日本にいれば至って普通の午後のひとときだが、ブラジルではこんなひとときを至福と言わざるを得ない。なんてったって、まず穀物コーヒーはここでは大変貴重な代物。手に入れるにはドイツルートで飛行機に乗せて持ってきてもらうことになるという、密輸気分すら感じられるこの穀物コーヒー。そう簡単に飲む訳にはいかない。けれど一度開けた缶を大事にしすぎてあまり長い間放っておいて、いざという時に湿気《しけ》ていた。なんてことになったら悲劇なので、その辺のさじ加減も加味しなくてはならない。

その上我が家の近所では豆乳すら売ってない。豆乳と言えば訳の分からん添加物と甘味料や砂糖やフレーバーや色々入った物しか売っていないのだ。これは牛乳代わりに料理やお菓子作りに豆乳を使いたい私としてはかなり頭がいたい。以前はなんとか無糖の豆乳が買えたから何かの間違いだろうと思い、何軒ものスーパーを回り、「いや、きっと来週になれば入荷するだろう」と淡い期待を抱きつつもう半年が過ぎた。ブラジル人は無糖豆乳は飲まないのか？　無糖豆乳がなくて料理は困らないのか？　地震の時や停電の時に懐中電灯がないと困るように、毎日なくてもいいけれど、いざという時ないと困るもの、豆乳。半年は長い。長過ぎる。

私はとうとうしびれを切らして自分で豆乳を作る決心をした。そしてその記念すべき第一作目の豆乳が、この穀物コーヒーラテに注がれたのだった。

まだ生暖かくとろっとクリーミーな仕上がりの豆乳。2リットルほど出来た豆乳を満足げに眺めつつ、「煮て食おうか、焼いて食おうか」と鬼婆が小僧さんをなめ回すように思案に暮れるもまた一興。

早速以前からやってみたかった豆腐を作り、残りの豆乳で久々にマクロビ仕様のレモンクリームのタルトを作った。初めて作った豆腐は食感こそいまいちだったものの、味はあの懐かしの日本のまめまめしい豆腐の味。ブラジルで売ってる豆腐は「豆腐」の顔をしていても悲しいかな、やっぱりどこか豆腐ではない。その点、豆から出来上がって姿を現したこの自家製豆腐は、郷愁の思いが込み上がるほど日本の味だった。

それにしても、豆乳にしろ豆腐にしろ、いざ自分で作ってみるとなんて手間がかかるんだろう。こんなすばらしいものを1つ200円くらいで売ってくれてるなんて、日本の豆腐屋さんに感謝状を送りたいほどだ。日本を遠くはなれると日常のそこここで、日本文化のすばらしさ、ありがたさに行き当たる。そして今まで見えなかった姿を見た時に、遠く離れたこの地からどうかこの文化が消えないようにと祈りたくなる。

　こうして外国の不便のなかにあることで、豆腐を作るチャンスを得て、豆腐のおいしさを味わい、日本食のすばらしさを改めて感じることができたのはありがたいと思う。当たり前のありがたさと愛しさは、そばにある時には気がつきにくいものなのだ。きっと日本人は一生に一回くらい豆腐を作り、味噌を作り、納豆を作って、梅干しを干してみたら良いと思う。自分の国の食べ物を自分で作ってみる。たったそれだけのことで海外にいなくてもきっとなにか大きな発見を、自分の内側にも外側にも出来るんじゃないかと思うのだ。

　こうして今日も日本の裏側で、私の台所は日本の風を感じながら紡がれている。

2014.AGOSTO

家族旅行

　長かったワールドカップもドイツの優勝で幕を閉じ、気がつけば一ヶ月ほどもある冬休みも間もなく終わろうとしていた頃。家にいるのが退屈になって学校が始まるのが楽しみになってきた子供たちを、思いがけない旅行に連れ出すことにした。ブラジルにいる間に絶対に訪れておきたかった場所、イグアスの滝。地球ががくっとずれ落ちたまま、そこに命が湧き出たようにあふれる水が流れ落ちるその滝の写真を見た時に、心臓がゾワッと毛羽立つような力強さを感じたのを覚えている。地球が生きていると感じられるような、そんな場所に家族旅行に出かけた。

今回も見事に無計画というかぁあまりにも突拍子もない旅行だったが、もうそれに慣れたのか準備の手際は良い。宿泊先はアルゼンチンにあるイグアスの町の小さなシェアハウスのような場所だから料理も出来る。赤ちゃんを連れて初めての長旅、しかも異国（って言ってもブラジルも異国と言えるけど）とあれば、料理が出来るのはありがたい。スーパーでもらって来る頑丈なバナナの箱に圧力鍋やお米や梅干し、味噌などを詰め込むと、不思議と心強くなる。日本でキャンプに子供を連れていっていた頃を思い出しながら、パッキングを進める。気がつけば食料のパッキングだけは念入りで、あとはイグアスについてのインフォメーションもアルゼンチンについての検索もほとんどしないまま、車は既に旅に出ていた。

私の住む町から車で1500キロ。1500キロと言えば本州を横断出来るほどの距離だ。それなのに「へぇ1500キロかぁ、遠いね」程度で旅行に出ようと思ったのは、土地勘のない外国ならではだろう。日本にいたとしたら、青森から下関まで車で行くのはかなりきつそうだと、簡単に察しがつきそうなものだけど、その辺のイメージがうまくできないのが良くも悪くも外国なのだ。

見慣れた景色がぐんぐん遠ざかり、行けども行けども麦とトウモロコシが広がる広大な土地をひた走る。どこまでも見渡す限りの畑。こんなに遠くまで町もなく家もなく、ひたすら畑が広がっているなんて、本当にブラジルはとてつもなく広い。それにしても広大な畑に植えられたこの麦やトウモロコシは、一体誰が食べるというのだろう？

途中、いくつもの集落や町を通り越しながら目的地へ向かう。ときどき出て来る町の名前を地図でチェックしてみると、思ったより進んでいない事がわかり愕然とする。もしかすると一日10時間ほどのドライブというのは何かの間違いで、意外と5時間くらいでなんとかなるんじゃないか、なんて根拠のない期待は見事に打ち砕かれる。はるかかなた、1500キロの旅の重みをリアルに感じながらも、車はひたすら目的地を目指す。今回もいつも通り地図はグーグルマップを手書きで写した紙切れのみで、見知らぬ異国の地を走る。詳細なデータのないこの状況も、今やすっかり慣れてしまった。この手書きの地図だって今や頼りないどころか信頼のおけるものに感じられる。私たちはここに来てから、いつだってこんないい加減な地図とちょっとの勘で、目的地にたどり着いてきたのだから。

長時間ドライブの車内では、子供たちがハリー・ポッターのオーディオブックに釘付けになっている。荷物と人で狭苦しい車内を、ハリーの大冒険と私たちの大冒険が交差する。

家族旅行といえば、子供の頃よく渋滞を避けるために、深夜出発で車に毛布を持ち込んで、暗い中お父さんが運転をしてくれたものだった。夜中に起こされて「さ、行くよ!」と言われると、眠いようなわくわくするような変な気持ちがした。朝方起きると車はすっかり東京のコンクリートを離れ、木々と土から上昇する朝のさわやかな空気が飛び込んできて、長時間ドライブの疲れを吹き飛ばしてくれた。車のフロントガラスは夜じゅう走ったという疲れを見せるかのように、小さな虫たちの死骸で随分汚れていて、その澄んだ空気と汚れたガラスのギャップが遠くまで来たんだ、と実感させてくれるのだった。おなかが空いた子供たちには、母が用意してくれたおむすびや手でつまめるおかずが待っていて、車の中はにわかに騒がしくなる。何度も見た車内の朝の風景だ。そんな時、母はまだ運転している父に助手席からおむすびを食べさせてあげていた。それを見るのが私は好きだった。

その思い出のせいなのか、私は車での旅行が今でも好きだ。遠くても出来るだけ車がいい。もちろん快適な空の旅の良さもあるけど、このお家を持ち込んだような親密な空間が好きなのだ。

そんなわけで私ももちろん車ピクニックを準備していた。必須アイテムおむすびは梅干しをいれて傷みにくく、酸味が疲れを癒してくれる。それに若布ふりかけを混ぜて少し塩気を強くしておくと、疲れた体に美味しく感じられる。またのり巻きも外せない。閉め切った車内では酢飯の酸味も美味しい。キュウリと梅を巻き込んで、これまた子供たちに人気のピクニックメニューになる。その他に、みかんやリンゴ、キュウリに味噌。「だれか食べる人〜?」の声に誰もが「は〜い!」と威勢良く声を上げる。おむすびの匂いってどうしてこんなに食欲をそそるのだろう。車内に広がる匂いにおなかが空いていなくても、つい一つ手に取ってしまうのがおむすびの魔力だ。続いてもわっとした車内に広がるみかんの爽快な香りに、みんなにわかに元気が出て来る。幼い頃乗り物酔いしやすかった私は、よくこうして車でみかんを食べた。新幹線に乗ったら冷凍みかんを買ってもらった。移動にみかんはつきものだった。

あの密室のような乗り物のなかで食べるみかんは、いつも私を助けてくれたのだった。まさかこごブラジルでも日本のみかんが手に入り、それをお供に車で旅をするとは思わなかったのだけど。おむすびやのり巻きを食べる子供たちを横目に、運転手の主人に「梅にする？ それとものり巻きにする？」と尋ねる。「梅にしようかな」というドイツ人の主人。なかなか日本人らしい風情がわかる人なのだ。助手席から手を伸ばし梅のおむすびを口に運んであげながら旅路を進む。みかんの香り、おむすびの匂い。日本とブラジル、思い出と今が交差する車内。

ブラジルの国境を越え、橋一つ先はもうアルゼンチンだった。驚いたことは橋一つでこんなに音が違うということだった。私はその時初めて国が違うということは音が違うということだと理解した。音が違うと空気も違う、振動が違う、雰囲気が違う。話す言葉が、リズムが違う。そして姿かたちをも変えていく。この南米という一続きの大きな大陸は、こうして国境を一またぎするだけで空を飛ばなくてもこんなにも違いを生み出すことができるのだ、ということは日本人の私には衝撃だった。

そんな衝撃を受けながら人の会話を聞いてみると、ポルトガル語とスペイン語は似ていると言われるが、音はやっぱり違った。そしてよく聞いてみると同じような単語があるのに、ポルトガル語を話す我が家の双子はスペイン語を聞き取れなかった。おそらくリズムと音が違うので、全く知らない言語に聞こえたのだろう。そんな子供たちの姿を見ていると、彼らがどれだけ、音や振動の相違をまたは共鳴を、大人よりも繊細に感じ、そしてそれらからいかに多くを吸収しているのかということを思わずにいられなかった。なじみのない音ではあるが、スペイン語は心地よかった。優しく猫がそばにすりよってくるようなそんな感じがした。親しみと戯れと、アルゼンチンはブラジルとはまた違うラテンの雰囲気だった。

　そしていよいよ目的地イグアスの滝に向かった。木々の中に見え隠れする川を眺めつつ、遠くから「ど〜」と絶え間なく、まるでこの森全部がその音に包まれるような滝の落ちる音が遠くから響いている。そこには確かに滝があるのだ。歩道を急ぎ足で進む。もちろんこの先を歩けば滝があるなんてことはわかりきっているにもかかわらず、体中でこの滝から響く大きな振動をキャッチしながら、少しずつ確かに滝の目前に近づいているという感覚を感じつつ歩みをすすめるのはとてもスリリングだった。

　体が振動に呼応する。自然と体は畏《おそ》れを抱く。あまりにも大きな何かに、自分を超えた何かに出会うのを楽しみにしながらも畏敬《いけい》の念が否めない。

　あぁ自然とはなんて大きく強いのだろう。飲み込まれそうな大きな滝、しぶきをあげる水は絶え間なく、この力は一体どこから湧いてくるのか。

　まるで大海原の波を抱くような地球のパワーを目前にして、すっかり体も意識も飲み込まれる。この場をしっかり咀嚼《そしやく》するにはまだまだ時間がかかりそうだった。そこを通り過ぎて、見て、水しぶきをあびて帰ってくるだけではすまないような気がしたのだ。現実と非現実が交差するイグアスの滝で、私はしばし呆然と立ち尽くした。目を閉じて、周りにいる人も滝さえも見ずに、ただ滝の側に佇んでみた。目をつぶるとあの恐ろしいほどの滝は絶え間ない振動になり、吸い込まれるほどの激流となった滝壺から噴き上がる水しぶきは、命を潤すようなしっとりと優しい沐浴のように感じられた。夢中でかなりの距離を歩いたからか、それともこの数日の車移動によるものか、体は随分と疲れていたようだった。イグアスの滝はそんな私の体を、根底から癒し再び歩き出す力を与えてくれたようだった。

大自然と異国との狭間で興奮冷めやらぬまま、あっという間に時間は過ぎ、再びあの、親密でありながらやや疲れがもたげた狭苦しい車での旅路に戻る頃となった。ブラジルの国境に入り、人の話し声が聞こえる。「あぁ帰ってきた」私にとって初めてポルトガル語がなじみ深く親しみ深く感じられた瞬間だった。このリズム、この音、そうだもうここに来て一年だ。

まだ明るいうちに家に着く。帰りを待っていた犬たちは嬉しそうに飛び回る。家に入るときちんと片付けられた空っぽのリビングがこの上なく気持ちいい。誰ともなく「あ〜やっぱり家がいちばんいいなぁ」と口々に話しだす。決して旅行がつまらなかった訳でも辛《つら》かった訳でもないはずなのに、つい口からこぼれてしまうこの一言に毎度ほっとしてしまう。山のような洗濯物と荷物を運び込むと、あの静かだったリビングは「またいつもの日々が戻ってくるのだ」という予感とともに一瞬にしてカオスとなる。

荷物を片付けてしまうと、私は待ちわびた自分の台所に立つ。どうやら私はどんなにごちそうを食べた旅行でも、どんなつまらない物を食べた時でも、結局はここに戻って、きちんと料理をしたいと必ず最後には思うようだ。「今日は御飯に味噌汁にしようね」そう言うと、「うんうん」と満場一致だった。やっぱり原点はここなんだ。きちんと米をといで、味噌汁を作る。空っぽの冷蔵庫でのやりくりだからたいした物は作れないけど、旅行から帰って来た時は、これが何よりのごちそうに感じる。やっぱり旅の終わりは味噌汁で決まりだ。ただの御飯も味噌汁も格別に美味しい、自分のベッドに入るのがこの上なく心地よい。旅行によってもたらされるしばしの非日常は、時に日常を最上級にまで仕立て上げてくれる。

一週間、7人分の洗濯物は丸二日がかりで片付いた。お天気が味方してくれて、からっと乾いてく洗濯物を見るのはなんとも気持ちよかった。早速買い出しにいって冷蔵庫も満タンになった。さて今日は何を食べようか？　最後の洗濯物を取り込み、タンスの中もいつものように洋服が埋め尽くすようになると、いよいよ日常が戻って来る。旅は終わった。こうして長かった冬休みは幕を閉じ、満タンの冷蔵庫とからっとおひさまの匂いを詰め込んだタンスがまた新しい毎日を連れて来る。新学期がはじまる。

一年

とうとうブラジルでの生活が一年を迎えた。

今でもよく覚えている到着した夜のこと。真夜中に到着した新しい我が家の景色。疲れと興奮と安堵の気持ち。そしてそのすぐ後にあった近所の子供の誕生日パーティー。「誕生日おめでとう」の言い方も知らなかったあの頃、ひょっこり顔を出させていただいたあの日から一年。まさしく丸一年目のその日に、再び近所の男の子は一つ大きくなり誕生日パーティーを開き、もちろん今ではすっかり「マブダチ」になった双子君とともに招かれた私は、感慨深く誕生日をお祝いさせてもらいました。あの頃子供たちは日記をつけていて、ふとそれを手に取ってみると「8月19日晴れ　今日はブラジルではじめて学校に行ってみんないろんなことをブラジル語でおしえてくれたけどそんなにわからなかった。Bom dia－おはよう。Oi－やぁ。」と書いてありました。

あぁなんて初々しい。あぁ一年でこんなに大きくなったんだねぇ。

ブラジルの友達と遊び回る双子を眺めつつ、その家のお母さんと話をしていると、「今日であなたも丁度ブラジルに来て一年ね、おめでとう！」と言ってくれた。温かいブラジルの人たち。感謝の気持ちで一杯だった素敵な夕べ。

盆生まれ

日本では夏休みまっただ中の8月に、こちらでは新学期が始まる。初めてブラジルに来た時も、日本では夏休みに入ったばかりだったのにもう学校に行かねばならず、夏休みを損した気分になったのだった。

あれから一年。今年もとうとう8月になり、あっという間の冬休みが終わって新学期が始まったのに、いつもより嬉しそうにしているのは次女。次女はお盆生まれだから、誕生日に来てくれる友達が今まで殆どいなかった。というか盆に誕生日会を開こうと思ったことは殆どなく、たいてい家族で慎ましく誕生を祝ってきた。けれどようやく日本の裏側ブラジルで日の目を見る時が来た。「こんな日が来るなんて！」地球を半周してよかったといわんばかりにウキウキしてる。新学期が始まってからは「誰を呼ぼうか？」「誕生日ケーキはチョコがいいからね！」などなどその話で持ち切りだった。

そんな風にして新学期が始まって、そろそろみんなエンジンがかかってきましたよという感じの8月下旬に、次女の誕生日パーティーを開くことになった。吟味して吟味して仲のよい友達を何人か呼ぶことにしたが、それだってやはり女の子は一苦労。

「あの子とあの子はあんまり仲良くないんだよね～、でもあかりはあの子好きだから呼びたいんだよね～どうしよっか？」

などなど、5年生ともなると子供世界の人間関係も複雑らしいのは、ブラジルでも同じようだ。それでもどうにかこうにか仲良しさんに招待状を作り、私はバースデーケーキのリハーサルをさせられ、ランチのメニューを提示し、なんとか合格サインをもらった。

みんなでやるゲームはこの国の人は知らないであろう、パン食い競走のおかしバージョンと飴食い競争に決定しており、普段めったに買ってもらえないキャンディーの色々に、既に弟たちは興奮しつつ「誕生日っていいなぁ！」という空気は家族全体に広がっていった。

生真面目で入念な次女は、そんな浮き足立った弟らをたしなめつつ、あくまで主役は私だ！　と主張せんばかりにお菓子の類いを厳しく取り仕切り、ゲーム用のキャンディーを袋に詰める作業や、ゲームのリハーサルまでやった。前日には運動会の前夜のような緊張感に包まれ、眠れなくなるほどどきどきしながらいよいよその日を迎えた。

当日は気持ちのいい晴天。朝早くからケーキ作りを手伝ってくれる友達が来て、にわかに舞台裏は動き出す。冬が終わったばかりなのに、どうやら今日は真夏日になりそうだ。お手伝いのはずの友達も主役の次女も、仕込み半ばで気がつけば水着に着替えてプールに飛び込む。準備は入念な割にその辺は適当らしい。そんなこんなをしているうちに、続々と友達が到着する。近所の家の子供たちもちらほら集まって来る。こうして総勢十数名の子供たちが群がって、誕生日会は始まっていた。

春とは思えない夏の陽気と次々と元気にプールに飛び込む子供たちの姿に、日本も今、夏休みだったなぁと思い出した。けれどお盆の雰囲気はここでは全く感じられない。お盆のない国にいるというのはなんだか変な感じだった。何もかもがぐるっと姿を変えてしまっているのだということに、改めて気がつく瞬間でもあった。リハーサルのかいあって、ランチも好評、ゲームの飴食い競争やパン食い競走は顔を粉まみれにした子供たちが「もう一回もう一回!」とせがんでくるほど、ブラジルの子供たちにも大人気だった。一通りはしゃぎきったところで、バースデーケーキに行く前に仕込んでおいたクッキー生地をもってきて、みんなで型抜きして焼いてお土産にした。こういうちょっとした手仕事が女の子は大好きだ。次々とプールから飛び出して水着姿でクッキーを作る様子は、さすが南国ブラジルという感じだった。

どの子もいっぱい遊んで喋《しゃべ》って、女子たちのかしましさもかわいらしく、真夏の太陽のようにきらきらした時間のなかではしゃぎ回る次女の、思い切りの笑顔がまぶしい誕生会だった。

今までと違う音、違う空気、違う光のなかで懐かしく思い出す11年前のあの瞬間。

日も暮れかけた頃、いよいよほぼ1キロの粉で作った特大チョコレートケーキの登場で、パーティーはクライマックスを迎える。ブラジルの誕生日ソングを皆に歌ってもらって、思い切りロウソクを吹き消すと、また一つ大きくなったんだってことがひしひしと感じられた。

「お一つどうですか?」お迎えに来た親御さん、物見に来てくれたご近所さん、周りにいる全ての人にケーキを振る舞うのがブラジルスタイル。まるで家の上棟式の餅まきのように、おめでたい気持ちをふりまき分かち合う。

次女の生まれて初めての盛大な誕生日パーティーは、こうして無事に幕を閉じた。

片付けが終わって一息つく頃にはもうすっかり辺りは暗くなって、次女はハンモックであっという間に寝てしまった。いつもは長女の下、双子の上、という微妙なポジションで主役になれることの少ない次女という立場。私も二番目の子供だからなんとなく気持ちはわかる。けれどブラジルで初めて迎えた主役の座。輝く太陽と子供たちの笑い声に包まれた次女の、日焼けしていきいきとした笑顔を見ながら、これからもいつまでも自分の人生の主役でいてほしいと願った。お盆だろうと次女だろうとこうして一人一人に灯がともる誕生日。その光をあびた次女の顔が忘れられない一日だった。

2014.SETEMBRO

1歳

雨戸の隙間から漏れる光が今日も朝が来たことを知らせる。光の具合からするといつも起きる時間はとっくに過ぎている頃だ。

いつもの週末の朝。けれどこの隙間から漏れるかすかな日差ししかない薄暗がりの寝室が、今日はひときわ懐かしい。ユニオの誕生から丁度一年。

あの子が生まれたこの寝室、このベッドの上で今日もあの日のように朝を迎えた。しばし余韻に浸るように思い出の糸をたぐるように、差し込むわずかな光を眺めるともなく眺める。いつもの朝が何回も巡ってやってきた、特別な朝。まだ家中が静かな中、ユニオと主人と私と三人だけの蚊帳《かや》の中で、今はずっしりと重たい頭にむっちりと元気な四肢が育った赤ちゃんを抱きしめる。なんとなくそんな気配に気がついたのか、「んっんっ」と寝返りをうっておっぱいを探る赤ちゃんにおっぱいをあげながら、まだまだ赤ちゃんの匂いのする我が子の頭の匂いをかぐ。真っ赤で温かく私の胸の上で丸まるように乗っかっていたあの小さな赤ちゃんは、今ではすっかり大きくなり、ただにぎりしめるばかりだった小さな手はふくふくと育ち、今では何かを摑もうと好奇心を全開にしている。

1歳。当たり前の、いつもの毎日を繰り返して、いつもと変わらない部屋でいつもと変わらない人たちといつものように迎えるその日は、毎年、時空を超えて特別な場所へ私たちを連れて行ってくれる。

毎日何を食べて、どんな物を見て、何を思って、何を感じてどんなふうに過ぎていったの？ 繰り返す日々の中でこの一年の節目に見える子供の姿が、その全てを物語ってくれるかのように感じる。「あぁ大きくなったね」私のおっぱいで、家族の中で、色んな音の中で、色んな人たちの中で、色んな国の狭間で、色んな味と色と風の中で、全ての物を栄養にして全ての物を吸収して赤ちゃんは大きくなった。こういう風にして、私もまたお母さんとして一年たった。そしてユニオの1歳の誕生日は私たち新しい家族の1歳のお祝いでもあった。

特別な朝を味わいながらも、いつものように一日が始まる。朝ご飯を食べ、洗濯をし、ふざける子供をたしなめ、外ではしゃぐ声が聞こえ、赤ちゃんは私のまわりを這《は》いずり回る。そんななかでも「マッマッ?」「ダイダイ〜」と言葉にならない言葉を話し始めている赤ちゃんの声を聞くたびに、「あんなに小さかったのに」と、その日は一日中、暮らしの風景の端々で1歳になる息子の成長の足跡を辿るように過ごした。けれど特別な気持ちは抱きつつも、特別なことをする予定はなかった1歳の誕生日。唯一ユニオが初めて食べるケーキは我が家の定番、寒天ゼリーケーキのフルーツポンチに決定していたのだった。

一日遅れて家族全員が揃い、待ちに待ったケーキを食べることになり、外で遊んでいた双子を家に戻るようにと呼びに出ると、この素敵な天気に誘われるように、同じコンドミニウに住むご近所さんたちが庭に集まっていて、思いがけずみんなにユニオの誕生日を祝ってもらうことになった。近所の仲良しも集まって子供たちは大喜び。男の子の多いこのコンドミニウの悪ガキチームにユニオが仲間入りする日もそう遠くないのかと思うと、嬉しいような恐ろしいような複雑な気分がした。

大人たちは飛び入りで楽器を持ち寄り、ギターやタンバリンを片手にブラジルの誕生日ソングを歌いだす。私はブラジル人のこういう陽気でフレンドリーな所が大好きだ。手拍子に歌声、笑い声やかけ声に包まれて、沢山の子供たちと大人たちとキラキラの太陽に見守られた1歳の誕生日。いつもの休日が特別な休日に変わる瞬間。ひとしきり歌い終わっていよいよバースデーケーキを分かち合う。ブラジル流のチョコレートケーキではなく、見たこともないゼリーのケーキにブラジルの子供たちはしばし呆然。誇らしげに「これうまいよ!」と自慢げに話す双子たち。みんなと分けたくないくらいゼリーケーキが大好物な長女に、ブラジルでは貴重な白玉をゼリーケーキよりも楽しみにしている次女。ブラジルの子供とは対照的に我が家の子供たちは食い入るようにケーキに熱い視線を送ってる。白玉を見たことがない子は指差して「そのゆで卵も食べた〜い」と言ってるし、「もちって何?」と初めて食べる白玉に興味津々のブラジルのお母さんたち。ブラジルではほぼ見かけることの出来ない砂糖を使わないデザートということでも話は盛り上がる。こんなふうによその国の味、知らない料理で世界がつながるのも、外国にいて楽しいことの一つだ。けれどそんななか自分が主役だと気がつきもせず、わんさと集まった人の輪のまんなかで物珍しそうにポンチのなかのゼリーやイチゴをほおばるユニオ。気がつけば私たちは、一年前は誰も知らない何も知らなかったブラジルで、今、こんなたくさんの人からの祝福を受ける誕生日を迎えていた。

赤ちゃんが運んできてくれる幸せのひとつは、こうした新しい人とのつながり、世界との出会い。この無邪気な存在がこれからも沢山の世界に出会うように、私たちも彼と共に歩みながら出会う世界を楽しみにしている。

FAMÍLIA 2

なんてタフな国ブラジル。
私たちはここで子供たちを育てているんだ。

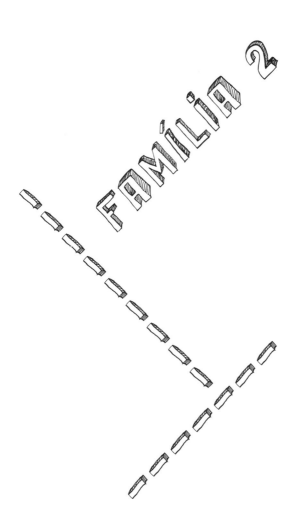

働く人たち

思春期真っ只中の長女。

ブラジルに引っ越ししての数ヶ月は、彼女にとっても激動の時だった。

日本を出発し、新しい場所へ行くことが現実になっていくほど、彼女はふさぎ込むことが多くなった。ブラジルに来る前にドイツですごした数週間は、旅行気分で終始大はしゃぎの弟と妹と違い、初めての海外に興奮する様子の合間に見せる絶望的だという感じがやるせなかった。

そんな姿に心配したのだけど、ブラジルに着いてからは、幼い頃住んでいた田舎のような、開放的な大自然での暮らしが少しずつ彼女の命を吹き返すように元気づけた。犬と戯れ、庭を駆け回り、プールで遊びほうけ、しばらくしたら日本からブラジルへのトランジットはすっかり終了したようだった。

けれど息つく暇なく学校が始まり、ただでさえ転校生というのは緊張するのに、言葉も通じない場所で新しいスタートを切らねばならない。以前田舎から東京に引っ越した時に転校の経験があるので、余計不安そうだった。それでも心配な自分を見せまいとの強がりからか、「ブラジルでは友達なんて作らない」と言い張っていたのだが、幸いにもブラジル人はとてもフレンドリーで、登校初日に「もう友達できちゃった」とその心配を吹き飛ばしてくれた。そうはいってもそれで全てがうまくいく訳はなく、言葉の壁や文化の壁、気持ちの壁を乗り越えるのに、四苦八苦しながら日々は過ぎていった。

新しい日常に日本を振り返る暇もふさぎ込む暇もなく、通学には慣れてきたようではあったが、家では機関銃のごとく一日の出来事を喋る日々が続いていて、それはその分学校で喋る機会がないことの反動だということを表していた。下の子供たちからもこっそりと「お姉ちゃんおやつの時間一人で食べているんだよ」と耳打ちもされた。けれどあくまで長女はそんな姿を私たちに見せようとしなかった。

そんな様子で学校に通い1ヶ月、5人目を出産した頃に、授業で1泊2日のキャンプに行くことになった時、長女の中で踏ん張り続けていた何かがとうとうはじけた。「行きたくない！」と言って泣いたのだ。あんな泣き顔はいつぶりだろう。「行きたくない」の一言には、沢山の思いが詰まっていた。いつもなら冷やかすであろう妹弟たちも、この時は何も言えずそんなお姉ちゃんをただ眺めていた。

けれど結局キャンプには行くことにした。何もなかったかのように、出発当日はいつものように出て行った。いつものように振る舞うことで自分を奮い立たせようとしているようだった。

あの時期、新しい環境は学校だけでなく、家族までもがまだようやく動き出した状態だったのだ。「行きたい、行きたくない」「頑張りたい、頑張れない」全ての運命が入れかわるような混沌とした数ヶ月。押し込めていた感情を時折ほどきながら手探りで道を進んでいった。

その姿は言葉の通じない国で、異文化の中で、必死に自分のアイデンティティを探り、時に希望を、時に不安や喪失感や沢山の言葉にできない思いを、今まさに世界に向かって開かれようと育ちつつある体に心に抱きながら、どこへ向かっているか分からない道をひたすら歩んでいるように見えた。

勉強したいと思った次の瞬間に何もしたくない。

抱きついて甘えたかと思えば突き放してくる。

妹弟と戯れながら、気がつくと部屋から出てこない。

行きつ戻りつしながらの不安定な心をかかえて。

私に何ができるのか、私は何をしたいのか、私は何がほしいのか。まだ分からない。分かりたい。

仲間から離れ、母国から離れて、慣れ親しんだ音も、空気も、味も全てから離れて今ここにある自分は一体どこへ向かうのか。私は一体どうなってしまうのか。

とある夕暮れ時、伸び放題の庭の雑草を鍬《くわ》で刈り取りに出た主人を見て、何も言わず長女も鍬を片手に庭に出た。

一生懸命鍬を振り下ろしながら、無心で働く。幼い頃に一緒に畑仕事をしていたあの時の時間がよみがえる。けれどもうあの頃とは何もかもが決定的に違う。住んでいる場所も、聞こえる音も、家族さえも。そして何より、もう自分はあの時の自分ではない。幼かった長女は既に大人への架け橋を渡っている。もう向こう岸には戻ることはない。

振り返っても戻ることのできない道を、ただひたすら前を見て進んでいるのだ。

数々の葛藤《かっとう》を押し込めたような無言の畑仕事の手を止めて、長女が口を開いた。

「みんな一緒に草刈りしようよ！」

一人、二人と兄弟が参加する。庭には働く人が集まる。家族みんなで働く。「こんなに刈れたよ、見て！　綺麗になったでしょ！」嬉しそうな声がする。

何をしたいのか、何ができるのかまだ知らない若い命。でも命は活かしたい、働きたい、この手で、この体で、世界につながりたいんだろう。

まだ若葉のように柔らかな命。命は働きたいんだ。命はつながりたいんだ。

そう言っているように思えた。

私たちはただ、その若い命の周りで、私たち自身の命を活かして精一杯生きるしかない。草を刈る、御飯を炊く。暮らしを作る全ての仕事を大切にして。

そしていつか、この若い命が本当に自分らしく働く時が来るのを信じて。

ブラジルスタイル

ブラジルではよくスパッツで歩いてる女の人を見かける。別にジム帰りでもこれからトレーニングする訳でもない。みんなぴちぴちのスパッツを穿いて、殆ど端切れなのか？　と思うようなブラジャーまるだしのTシャツやトップスを着て、その辺をうろうろしてる。ちなみにもちろん部屋着で町までやってきましたって訳でなく、かなり勝負服的な雰囲気で「イケてる」感たっぷりで道を歩いている。

でもこれはブラジルローカルの人の独特の格好で、ヨーロッパ系のブラジル人は端切れのようなトップスは着ていない。でもやっぱりスパッツは穿いてる。日本人からすると「ちょっとお尻見えてるよ〜隠しなさいよ」って突っ込みたくなるのだが、どうもブラジル人はお尻見せてなんぼ！　という感じらしく、老いも若きもスパッツを穿いて、自慢のぷりぷりのお尻を丸出しで歩き回っている。小学校低学年くらいの子供ならまだ可愛いけど、中学生くらいの女の子だと目のやり場に困るんじゃないか？　と私は思ってしまうのだけど案外そうでもない。当たり前にブラジャーまるだしのような格好でうろちょろしている人が沢山いるし、スパッツはブラジルではスキニージーンズ的な存在らしく、誰もそんな物見たって「ワオ！」とも思わないらしい。ほぼ一年中夏の国だから肌の露出は必然的に多くなる。ビキニで過ごすことも多いし、プールに入ることも多いので、誰もビキニ姿の女の子がいてもじろじろ見たりしない。

はじめは家族でそういう姿を見かける度に、「ちょっと〜あれはないよね」と言っていたのに、ある時長女が「私スパッツ欲しいんだよね〜」と言いだした。私はてっきりミニスカートの下に穿くのに必要なのかと思い、一緒に買い物に出かけたのだが、翌日学校に行く時には我が子もとうとうスパッツガールになってしまっていた。「ちょっと、スカートどうしたの？」と聞いてみると「え？　そんなの着なくていい」とあっさり答える長女。ついこの間まで「あれはないよね〜」って言ってたじゃ〜ん！　と母の心の叫びもむなしく、がりがりの細い足にうすっぺたい日本人のお尻を丸出しにして、スパッツガールデビューを果たした。

そうなるとスパッツデビューしたくなるのが次女。姉の後を追うかのようにスパッツガールになってしまったのは言うまでもない。

おもしろいもので、常識や当たり前はいとも簡単に覆る。お尻ぷりぷりパンツの線丸出しではずかしげもなく学校に行く娘たちを見ながら、主人と「もし日本に帰ったら絶対こんな格好できないよね〜」と話している。こうして我が家の女子たちは、外側からも徐々にブラジル化が進んでいった。

男子チームはと言えば、選ぶ靴に変化が起こった。ブラジルでは、というよりも外国では子供はひも靴を履いていることが多い。日本だとマジックテープでばりばりっとして履くタイプやスリッポンが多い、というか日本にいる間にひもを結んで靴を履いている子供を見たことがなかったかもしれない。けれどここではそんな靴など見かけない。子供たちはしっかりと靴を履きひもを結ぶ。その仕草が気に入ったのかかっこいいと思ったのか、日本から持ってきたひもなし靴は今ではすっかりお役御免となっている。これだって私は日本にいる時にさんざん「ひもを結ぶ靴を買おうよ?」と促していたのに、「やだ、めんどくさい。みんな履いてない」と言い張っていたのだ。なのにブラジルに来るや、「ひもの靴じゃないと恥ずかしいよなぁ」なんてのたまった。全く！　だけどとにもかくにも、双子たちはしっかりと自分で靴のひもを結んで靴を履くようになったのでよしとしよう。

子供たちはこうしてカメレオンのように環境に対応している。似合うと似合わないとにかかわらず、周りを模倣して周りを吸収して環境に適応していく。子供であるほど周りの音に共鳴するかのように、響き合う、ひかれ合う。郷に入っては郷に従え、朱に交われば赤くなる、なんて先人たちは本当にうまいことを言ったものだ。

自分の家のスタイルや自分らしさを大事にしてほしいと思って「よそはよそ、うちはうちです！」なんて言って育ててきたのに、この覆り方は一体なんだ?　と思わなくもない。それでもこうして流れに身を任せてみて、知らない物に巻かれてみて、色んなことを自分で試してみて、「みんなとおんなじ」をしてる中で、いつか「でもわたしは」ということを感じる時が来るのかもしれないなぁ、とぼんやり思う。

色んな世界を体験しつつ真似しつつ、いつか自分のスタイルを外側にも内側にも見つける時が来るのを願い、今日も玄関先でスパッツガールズとひも靴ボーイズを見送るのだった。

わるガキ

うちの双子はわんぱくで、日本にいる時からかなりやりたい放題の子供時代を満喫している。学校では担任の先生だけでなく校長先生にも呼び出され、今までどれだけ頭を下げてきたかわからない。サザエさんのカツオ君のようなタイプの坊やたちと言ってしまえば可愛く感じるのだが、実際カツオ君のような子供がいるっていうのは想像以上に大変なものなのだ。しかもそれが2人だから波平さんも2人いないと割に合わないけれど、私はその頃シングルマザーだった。それでもやっぱり無邪気にいたずらをする双子に子供世界の輝きを感じ、なんだか懐かしいような気持ちで今まで見守ってきた。

こういうタイプの子供だからうちの中に閉じ込めておくことなんて到底無理で、幼い頃から田舎で育ち、野山を駆け巡って、棒切れや石ころは大事な遊び道具で、家中いつも転がっていた。東京に引っ越してみれば、そこらの公園のすみに勝手に基地を作ってしまったり、スナック菓子も買ってもらえないものだから、その辺に生えてる果実の木は美味しそうなおやつに見えたらしく、ある時は公園に生えてる柿の木から収穫したたくさんの柿をビニール袋に入れて、嬉しそうに「ママこれすごいでしょ！」と持って帰ってきたりした。

そんな彼らにとってここブラジルは格好の遊び場。家の周りはなにもない牧場で、毎日庭にあるツリーハウスから牛や馬や鶏を偵察するように眺めては、珍しい鳥が飛んでくるのを見つけて大騒ぎする。虫は格好の餌食で、早速かわいがるという名目で捕獲されてしまう。またブラジルは嬉しいことにフルーツ天国なので、フルーツの木がどこにでも生えていておやつには事欠かない。

転入初日にもかかわらず、既にポケットにロールパンをくすねて持って帰ってきた。食料確保は抜かりない。「転入早々恥ずかしいからやめなさいよ」との母の言葉もむなしく、このへんちくりんな双子の日本人は、ブラジル人にどのように映ったのか不安になるばかりである。

そのうえ近所のお宅の庭先になっているザクロを物欲しそうにながめて、「おや、これ欲しいのかい？　1個あげようね」、とちゃっかりゲットしているのである。ある時はなぜかお隣さんから食べかけのチョコレートケーキまで箱付きでもらってきた。どんだけ物欲しそうに見ていたのかと心配になるが、変なサバイバル能力はここでも活かされてるようだ。

言葉の通じないブラジルでもひょうひょうと遊び、日本語で話しかけ、おいしい物までゲットしている我ながらあっぱれな双子。しつけはなっていないが、生きる力は十分に備わっているようだ。

しかしそんな双子君たちに強敵が現れた。ブラジル人の子供たちである。

ブラジルの子供たちは悪い。悪いと言ってもあの子供独特の悪さである。それは今時珍しいくらい奔放に悪くて、双子と同様に懐かしい気持ちがするほどであった。

ある時子供が遊びに行く先におやつにクッキーを作って持たせた。子供たちの通っている学校はお金持ちの子供が多いので、親があまり手作りの物を食べさせたりしなくて、お手伝いさんが食事を作り、チョコレートやアイスクリームをばんばん食べている家庭が多い。今思えばそんな家の一人っ子のお宅にクッキーを焼いていったのが失敗だったが、その子ったら車の中でクッキーを渡されるや否や、一口食べて「まずっ！」と言って窓からクッキーを投げ捨てたらしい。そして「ははは！」と大笑いしたというなんとも絵に描いたような悪さをした。それにはあの双子でさえショックを受けて言葉を失っていた。もちろんその子は悪気があるのではなく、ちょっとしたジョークをしてみせたつもりのようだったけど、そんなものは初《うぶ》な双子に通じなかった。さすがにカルチャーショックは大きかったようで「まさか、お母さんのおやつを捨てるなんて！」「食べ物を粗末にするなんて！」。双子にとってこんな屈辱を味わったことはあとにも先にもあるまい。もう二度とクッキーをおやつに持っていくことはなくなった。

はたまたあるときは、よく一緒に遊ぶ近所の5歳と6歳の兄弟。空き瓶の中におしっこを入れて「ジュースだよ、飲みな！」と嬉しそうに持ってきた。「飲む訳ないじゃん！」と双子はご立腹。蜂の巣を見ればでかい石を投げて壊し、白い壁を見れば古代文明の壁画のような絵を描いていた。もうやりたい放題である。危ないことをしてる時には注意してみるが、そんな時にも可愛い顔で「俺知らないよ」って嘘をつく。「おばちゃんは見てました！」と言ってやりたくなるけれど、とにかくごまかすのがうまい。ブラジルのサッカーのプレーを思い出せばわかるように、ここの子供たちのいたずらもとても巧妙な悪さがあって面白い。平気でファウルする、でもしてない振りをする。嘘をつくのは当たり前でだまされる方が悪い。これが標準のルールという感じだ。今ではなぜブラジルのサッカーがあんなに巧みなのかを理解できる気がする。子供の頃からこれだけ巧妙なトリックを使いこなせる環境に育てば、あれだけのプレーができる訳だ。そしてそうしないとこの国では生き残ることなんか到底できないという気がする。

なんてタフな国ブラジル。私たちはここで子供たちを育てているんだ。

日本から出て世界に飛び込んでみると、当たり前だけど色々な違いがあるのを体験する。いろんな考え方、やり方、食べ方、遊び方、その色々があるから世界は面白い。その違いがいつしか移り香のように少しずつ自分の世界の枠にしみ込んで、外と内との境を緩めていくのだろう。そうして世界はもっともっと一つに感じていくのだろう。

「カツオ並みの悪さでは世界には通用しない」良いのか悪いのかそんな大きな世界の壁を感じるブラジルでの少年時代。こう見えても生真面目な日本人の双子は、数々の想像を超えたブラジル人のいたずらに、「俺、いつかポルトガル語が話せるようになったら、あの二人のお母さんに悪いことしてるって言いつけてやる!」と不純な学習意欲を見せ意気込んでいたが、やっぱり友達ができるのは楽しい。気がつけばすっかり意気投合して、今や双子も一緒になってブラジル流の悪さをしている。そして、念願のポルトガル語もちらほらとしゃべるようになって、「お母さんに言いつける」こともできるようになっていた。

さて国境を越えたいたずら小僧たちは、いったいどんな大人になるのだろうか。世界中のいたずら小僧たちが大きくなって羽ばたいていく日が楽しみだ。

恋心

子供たちの通うシュタイナー学校では、唯一の日本人きょうだいということもあって、よそのクラスの生徒までも我が家の子供たちのことは知っている。その上双子となればかなり目立つ。

登校初日から「ジャポネーザ！」と呼ばれ、振り返ると目をつり目にしたそぶりで日本人の顔マネをするクラスメイトや、定番の「コンニチハ」というおかしな発音の日本語で冷やかされつつも、クラス皆の注目の的、人気の的であることにはかわりなく、鼻高々で帰宅し、「この学校楽しいなぁ、みんな僕たちと遊びたがっててさ～めっちゃ人気者だった～」と大喜びしていた双子。

今やブラジルローカル人並みに日焼けし、洗っても落ちないほど赤土がシミになったTシャツを着てランドセルを背負い、片言のポルトガル語と怪しい日本語をしゃべっている。私から見るとかなり謎の日本人という風体をしているにもかかわらずこの双子、意外にも女子に人気があって、「アオ～ミドリ～」と甘い声で呼ばれては、一緒に遊ぶバラ色の日々を送っている。人生初のモテモテ期の到来だ。

そんな双子が仲のよい女の子の家にお泊まりにいった。その子はドイツ系ブラジル人で、広大な農場に住むおしとやかなお嬢ちゃん。「碧と翠と遊ぶようになってこの子生き生きしてるのよ最近。でもね今までしなかったようないたずらをするようになったのよ」とその子のお母さんから言われていたから実はちょっと心配していたのだけど、お招きしてくれるんだから行かせちゃえ〜と、ドイツ語もポルトガル語もしゃべれない双子をお嬢ちゃんのお宅に送り込んだ。一体どうなるのか？　我が子より相手のお宅が心配だ、何も壊れなければいいが……。という一抹の不安を抱えながらも、万が一何かあれば主人はドイツ語が話せるしなんとかなるかと楽観していた。ブラジルに来てからは何でも怖くないみたいな気がしている。トラブルやハプニングは日常化していたからだ。そしてそこそこなんとかなるさという楽観は、意外と現実的だったと確信しつつあったからだ。そんな訳で無謀にも二人はお泊まりに出かけた。

私のかすかな心配をよそに、帰ってくるなり双子は「めちゃくちゃ楽しかった〜」と機関銃のごとくその一部始終を話してくれた上、そのお宅のお母さんからはなんとしつけの行き届いたお子さんと褒められるというサプライズもついてきた。よくよく聞いてみると、脱いだ洋服はちゃんと畳むし、お風呂で使ったタオルはきちんと畳んでかけてあるし、ランチのサラダの野菜もちゃんと食べたのよとのこと。「なんだ、やればできるじゃないか！」たいしたことではなくても親のいないところで子供が見せる成長はうれしい。でもそれにしたっていくらなんでもサラダくらい何も言わんでも食べるわね、と思った。どうやらブラジル人の子供も野菜嫌いが多いらしい。

こうして女の子に誘われて遊んでいるうちに、双子君たちにそれぞれ好きな子ができた。弱冠8歳。とうとううちの双子君にも異国ブラジルにて恋心が芽生えたのである。一人はこのお泊まりにいった家の女の子で、もう一人はちょっとやんちゃなお嬢ちゃんらしい。二人は別々の子が好きらしく、それはそれでホッとしたのも束の間、話によると双子のかたわれは学校で好きな女の子に分解消しゴムを貢いでいたらしい。こんな年から女の子に物をあげて「ありがとう～それ欲しかったのぉ～」とか言われている姿を想像すると、母としては先行きが不安である。双子のもう一人はそれを見て、「消しゴムあげると喜んでついてきて遊ぶけど、そんなの消しゴム欲しいからじゃん。あんなにいっぱい自分のおもちゃあげちゃって意味ないよ」とあっさり言ってのけた。意外にも真っ当な判断に胸をなで下ろす私。それを聞いたもう一人は「そうじゃないさ……」と不安げな顔をする始末。昼ドラのような恋模様が展開されるブラジルの小学校。まぁそれもこれも経験、ブラジルのいい思い出になってくれればそれで良しとしよう。

ともあれ、そうこうしているうちに、今度は我が家にあのドイツ系ブラジル人のお嬢ちゃんをお招きすることになったのだ。いよいよ明日はその子がやってくるという前日、いそいそと忙しい双子君。

「ねぇ、明日の夜ご飯何にするの？　肉がいいんじゃない？」（肉が食事に出るのがかっこいいと思っている双子）、「こんな散らかってたら恥ずかしいでしょ、ママ」（っていうか散らかしてんのはお前たちじゃ！　と心の中で叫ぶ）、「あのさ、スーパーでおかし買ってほしいんだよね、あっちでももらったからさ。グミが好きだってさ」（またまたプレゼント作戦か⁉）などなど。

数々の思惑を聞き流しながら夕方双子の部屋をのぞいてみると、ホテル並みにきれいにしつらえられたベッドを発見！　これには本当に驚いた。どれだけ私が言っても毎朝、泥棒が入ったみたいにぐちゃぐちゃのあの部屋が、ベッドが、ホテル並みに片付いて、しかも布団の端っこなんかちょっと折り返してあるという心憎い演出までしてあるのだ。いつどこでそんな技術を覚えたのか？　こんなにできるなら毎日でもお嬢ちゃんを預かりたいわと思いつつ、きちんと片付いた部屋やベッドや家の中をきれいにする坊やたちに成長の足跡を見つけたような気がした。いつの間にか私の坊やは大きくなっていた。

しかしこんな大騒動があったにもかかわらず、なんとお泊まりは当日中止になった。急な予定が入り、お嬢ちゃんはうちで遊んでおやつを食べて帰るだけになったのだった。

一緒にお昼を食べて、残り少ない時間を楽しそうに遊びながらもがっくり来ているであろう双子君に、せめてものお楽しみでおやつにアップルパイを焼いた。格好つけさせてあげるために、たっぷりとアイスクリームも添えて。

初恋みたいに甘酸っぱいリンゴの香りが部屋中に広がっていた。なんだか切ないような昼下がりのブラジルだった。

ぬれお手拭き

家を掃除していると、使い捨てのお手拭きが出てきた。もちろんブラジルでこんな便利な物を手に入れることはできない。一体いつ、どこからやってきたんだっけ？　とまじまじとそのお手拭きを見ながら記憶を辿ること数分。それは日本を出発した日にもらったものだったと思い出した。日本での最後の瞬間に過ごした奥津家での思い出と一緒に。

日本最後の時間は、都内にある奥津家で過ごさせてもらった。ここ数年の仕事仲間であり、マクロビオティックの師であり、なにより親友としてそばにいてくれた、「オーガニックベース」の奥津典子さんの自宅だ。妊婦の私にブラジルから迎えにきた主人、そして4人の子供とスーツケース12個を快く受け入れてくれた奥津家。静かな空気の漂う素敵なおうちに、がやがやと送り込まれた我が家の荷物と人間がひしめき合って、あっという間に奥津家をカオス化してしまったのは言うまでもない。その頃彼女たちにも移住の計画があり、仕事にプライベートにと忙しかっただろうに、そんなこと露ほども気にしないかのようにお宅を開放してくれた奥津夫婦。実質一緒にいられた時間はほんの数時間だったかもしれない。けれどほんの一瞬だけ、私たちが家族のように一つ屋根の下、同じ釜の飯を食べたあの時間を、今でも忘れることができない。

出発の朝、典子さんは私たちより早く起きて既に台所に立っていた。子供の頃、お母さんが運動会の朝早くにお弁当を作ってくれた時の気分を思い出す。朝ご飯に用意された茹でトウモロコシに枝豆が、今では苦しいほど懐かしい。

タクシーを呼んで空港行きのバス停まで行くと、思いがけず「オーガニックベース」のアシスタントをしてくれた仲間や生徒さんが見送りにきてくれていた。さらにその後も次々と大好きな友人たちやスタッフたちが姿を現し、嬉しい驚きと共にバスを見送ってくれた風景は、私にブラジル移民時代の出港を彷彿させ、いよいよ私たちは遠くに行くんだという気持ちにさせたのだった。

半年間がむしゃらに走り続けた心のどこかにかくしておいた感情がひょっこりと姿を現し、私の心の後ろ髪を引っ張る。「行きたい、行きたくない」この時初めて、私は愛しい仲間たちと友人たちとのしばしの別れの意味を理解した。そして同時に、この思いが子供たちのそれぞれの風景の中にもあったのだろうなと思うと、さらに複雑な気持ちになった。

空港につくと正月くらいしか集合しない私の家族が、全員見送りにきてくれた。母は泣いていた。日本から殆ど出たことがない専業主婦の母にとって、外国は、ましてやブラジルは宇宙ほど遠い。「大丈夫ね？　おなかの赤ちゃんも子供たちもいるんやけんね、大事にしなさいよ。日登美をお願いね」そんな風に私と主人に話す母に、「もう私も34なんだから、大丈夫よ」と言いながら、自分の子供はいつまでたっても子供なのだ、と母である自分の気持ちと子供でもある自分の気持ちと、その両方を噛み締めながら、ありがたく愛しく切なく思った。そんな中でも「ねぇ、おばおばまたいつ会える？」と無邪気に尋ねる姪の幼いかわいらしさが、張りつめたこの感情をほっとさせてくれた。

そんな最後の瞬間にも、典子さんとお嬢さんが立ち会ってくれていた。やはりこの時も殆ど言葉は交わしていない、最後に見つめ合った、あの強くて優しい「頑張って」というような「大丈夫」というような視線を、今でもはっきり覚えている。互いに新たな船出を迎えようとしている親友とのしばしの別れには、希望と切なさとが無言の中に含まれていた。そんな視線と共に渡されたおむすびの味が日本最後の思い出の味となった。

うなるような振動と共に飛行機が地上を飛び立ち、シートベルト着用のサインが消えるといよいよ旅が始まったと感じた。腹が減っては戦はできぬ。心もとない機内食をよそに、渡された紙袋をのぞくとそんな私たちを見越してか、たっぷりとおいしい玄米おむすびが入っていた。紫蘇の葉にくるまれた梅干しおむすびに枝豆入りのおむすびが、長時間飛行とエコノミーの狭さの苦しさからどれだけ解放してくれたかわからない。そしてその心づくしのおむすびと共に入っていたのが、このぬれお手拭きなのだった。

袋を開けられることのないまま乾燥し、ブラジルの我が家の台所の引き出しの片隅で眠っていたこのぬれお手拭きは、そんな思い出を引っ張りだしてきた。ぬれお手拭きが乾いていくだけの時間を重ねて、今ではあの切なさが愛しさと懐かしさに変わっていることに気がつく。あの苦しさは希望に変わり、あの涙は喜びに変わった。そして今ここの時間と、あの頃の時間も距離も超えて、いつでも大好きな家族と親友と仲間とが自分の心にいてくれることに、改めて感謝するのだった。

エピローグ——ブラジルの朝

いつものように朝が来て、台所に立つ。

もうすっかり見慣れた風景なのに、時々「ここはどこだ?」「私はここで何をしているんだろう?」と思うことがある。

日本から遠く離れたブラジルで幾たびも迎えた朝は、時に新鮮で美しく希望にあふれ、時に焦燥感と不安を運んできた。

今まで築いてきた暮らしのリズムが、感じていた音が、漂う空気が違うのは、心地よくもあるが、この異空間の中で、自分自身がカップの底にたまった溶かしきれなかったココアの塊のように、鈍く重たく感じられることもある。

運命に導かれてやってきたブラジル。だけど運命は私をどうしたいのかはまだ分からない。答えの分からない問題を解いている最中のように、不安と興奮とが入り混じる。先の見えない面白さと先の見えない不安が混じり合う。

それでも朝はやってくる。

気がつけば朝は昼になり夜になり、夜はまた朝になる。何度も季節を繰り返し、何度も夜を越えてきたのに、時々何もかもが止まってしまっているように思えることもある。

だけどまた朝が始まる。

暗い台所に一人で立つと、時折寂しさと苦しさがよぎるのは、その瞬間だけたった一人で世界に放り出された気がするからなのだろうか。

そんな時はいつも、子供の頃、母がまだ薄暗い朝にお弁当を作ってくれていたことを思い出す。毎朝起きるので精一杯だった中学生の私がリビングに行くと、母はいつだって先に起きて温かな湯気に囲まれていた。それを見る度に「お母さんってすごいなぁ」と思ったものだった。もしもその朝に母が起きていなかったら、薄暗い朝に冷えきったリビングで、私はその日一日を全うする力など湧いてこなかっただろう。いつも見ていた早朝の母の姿は、あの頃の私には一日を照らす光だったのだ。

そして今、私はその一日を照らす母なのだ。そう思い、まだ心の片隅に残っている一片の寂しさのかけらを追いやって料理を始める。

米を研ぐ、火をつける、温かさが台所にやってきて、家の中に一日の息吹が生まれる。

一人、また一人と子供が起きてきて、家はいよいよにぎやかに動き出す。

薄暗かった朝はさわやかな朝の光に包まれて、私は子供の声で元気を取り戻す。

「あぁ、今は子供たちが私にとって一日を照らす光なんだ」

私がここに導かれた訳は、やっぱりまだ分からない。

それでも私の中にある光を胸に、私も家族の光になろう。

あとがき

ハチャメチャなブラジルでの暮らしを始めてから、早1年半が過ぎた。

数ある笑えないような出来事も笑い飛ばしていけたのは、ここが陽気なブラジルという国だったからこそかもしれない。

そしてこんな無謀な海外暮らしを乗り越えていけたのは、愛する子供たちとパートナーが一緒にいてくれたからこそだろう。

そんな日々の暮らしは流れ過ぎていくように見えて、気づかぬうちに心に留まり満ちていくみたいだ。

それを心から拾いだし、磨きをかけた時、その思い出という宝石は初めて輝く。世界中どこにいても私たちの日常にはそんな宝石が山ほどちりばめられているのだ。

今ではすっかりありふれた日々になりつつあるブラジルでの暮らしも、こうして本となり振り返ってみると、あの日が、そして今この瞬間さえも特別に見えてくるのはそのせいだろう。

そんなかけがえのない日々を、いつかは子供たちがそれぞれに、または誰かとどこかで紡いでいく時が来るのを楽しみにしつつ、私たちの旅はまだまだ続く。

人生は時に可笑《おか》しく、楽しく、悲しく、苦しく、美しく、驚きにあふれている。

そんなあなたの、私の、日々の一滴が、これからも世界を満たしていきますように。

最後に、遠くブラジルから、読者の皆さんとつながる機会を与えてくださった、幻冬舎の菊地朱雅子さん、素敵なイラストで表紙を飾ってくださったイラストレーターの下田昌克さん、そしてこの本を可愛く仕上げてくださったブックデザインの山本知香子さんにお礼申し上げるとともに、この本を手に取ってくださった皆さんとの妙なるご縁に感謝して。

日登美

日登美

モデル・料理研究家・KIJ認定マクロビオティッ
クインストラクター
1979年大分県生まれ。18歳よりモデルとして活躍。21歳で結婚し、2人の女の子と双子の男の子の母となる。シュタイナー教育での子育てやアシュタンガヨガ、マクロビオティックの食生活など自身の実践をもとにそれらを取り入れたライフスタイルを雑誌、講演などで提案。33歳でドイツ人と再婚し、ブラジルに移住して男児を出産。著書に『日登美のオーガニックな家庭料理』など。

「FAMÍLiA 1・2」「BRASiL 1・2」は書き下ろし。
「DiÁRiO 1〜3」はホームページ「hitomi's küche」内のブログより。

ブラジルの我が家　Família no Brasil!

2015年3月10日　第1刷発行

著　者　日登美
発行者　見城　徹

発行所　株式会社　幻冬舎
〒151-0051
東京都渋谷区千駄ヶ谷4-9-7
電話　03(5411)6211(編集)
03(5411)6222(営業)
振替　00120-8-767643

印刷・製本所　中央精版印刷株式会社

ISBN978-4-344-02736-7 C0095
幻冬舎ホームページアドレス　http://www.gentosha.co.jp/

この本に関するご意見・ご感想をメールでお寄せいただく場合は、
comment@gentosha.co.jp まで。